小泉悠が護憲派と語り合う安全保障

かもがわ出版

〈本書は、兵庫県九条の心ネットワークと兵庫県弁護士九条の会が主催し、小泉悠氏を招いて開いた講演対話集会（二〇二四年四月二〇日）の内容をもとに、小泉氏が加筆整理したものです。第二章、第三章でQとあるのは参加者の質問を指します。〉

まえがき――「みんな」でない「みんな」で語り合った記録

「憲法についてみんなで考える」という趣旨の文言を世の中で見かけることは少なくない。だが、ここでいう「みんな」とはどんな人たちなのだろうか。

日本国憲法については実に様々な考え方が存在する。「一字一句変えることはまかりならん」という立場から、「白紙に戻してすっかり書き直すべし」まで、理屈の上で考え得る幅いっぱいの、実に多種多様な意見がある。自国の憲法に関してこうも議論のある国というのは、かなり珍しいかもしれない。

そのことは、「憲法の話は荒れる」という、これまた日本ならではの感覚につながっているように思う。「憲法を変えるなんてとんでもない話ですよねぇ」と言われても、「押し付け憲法なんてけしからん、君もそう思うだろう！」と言われても、ちょっと「ウッ」となるという人が多数派ではないだろうか。「こっちは大事な話をしているのにその態度はなんだ」とか言われると余計に引く。

だから「憲法」と聞くとどうも居心地が悪い、という人は少なくないだろう。私自身もそうである。対話相手の口から「憲法」が出てきたら最後、これから和気藹々《あいあい》の雰囲気になるという気がどうもしない。もしも私と相手の意見が違うならなおさらだ。実際問題として、憲法九条について正反対の意見を持つ人々が和やかに語り合っているという状況を想像するのは難しい。世の中にはそうした奇跡的な空間が存在するのかもしれないが、おそらくその出現頻度《ひんど》はやはり奇跡の域を出ないだろう。憲法は国家の設計図だから、どうしたって議論は真剣になるし、それは往々にして価値観のぶつかり合いに、さらには感情的な諍《いさか》いへと陥りやすい。

ネット空間の言説を一瞥して見れば明らかだ。「平和を愛する護憲派が戦争を望む改憲勢力と戦う」、とか「平和ボケの左翼を現実主義者が論破する」といった攻撃的な言葉や態度が溢れている。いずれにおいても意見の違う相手は「敵」と位置付けられている。政治的主張を掲げた議論が「戦い」と呼ばれることも少なくない。

だが、「戦い」の本家本元である軍事の世界では、この言葉は「敵をして我に屈服せしめる」

ということを意味する。同じ日本の国民を「屈服せしめ」たりしていいのかなぁ、と、軍事オタクの筆者としてはちょっとたじろいでしまうのだ。そのぐらい、本来はキツい意味の言葉である。そもそも意見の違う彼らも日本という同じ船に乗っている間柄なのであって、戦うべき敵ではないんじゃないか。同じ日本人の間でさえ和解できないなら、いざとなれば外国とことを構えてでも国家の独立と安全を守るという右派の気概も、外国との友好関係で戦争をなくすんだという左派の理想も、到底は絵空事なんじゃないの。左右どっちからも怒られそうだが、そんな考えがどうにも浮かんでしまう。

他方、そうした軋轢《あつれき》を生まずして憲法の話をする一番簡単な方法は、「大体同じような意見の人で話し合う」ということになるだろう。冒頭で述べた「憲法についてみんなで考える」において想定される「みんな」とは、たいていこういう均質的な集団である。そうして思索を深めていくのもいいだろうが、最初から同意している者同士で同意をたしかめあっているだけ、ということになりはしないか。それは意見の交換としての話し合いになっていないのではないか。

こんなことを考えていたところ、兵庫県の九条の会という団体からメールをいただいた。是非、神戸まで来て護憲派の人たちと対話する集会に出てほしいという。なるほどそう来たか、と思った。憲法をめぐる議論についてああでもないこうでもない、と批評家的な#上から目線の立場でいたところ、「じゃあお前はこの問題をどう語るんだね」と問われた、と感じた。

こうなるとなかなか緊張するものがある。ロシア軍事の研究を生業《なりわい》とする私は、当然のことながら厳密な意味での護憲派ではない。憲法の理念には共鳴するが、その理念を守るためには軍事力が必要であり、従って憲法第九条第二項を改正して自衛隊の存在を明記すべしという主張である。また、ウクライナでの戦争に関しては、ロシアの行為が明白な侵略であり、国家の主権と独立を守るために戦っているウクライナに殺傷装備を含めた支援を行うべきだと考える。おそらく九条の会の人たちとはかなり立場が異なるだろう。

「荒れる」のではないか。あるいは、自ら戒めた「戦い」になってしまうのではないかという不安は、もちろんないではなかった。

しかし、全体的にはそう心配してはいなかったように思う。というのは、私は自分の生まれ育った家庭の中でも、さらには自分自身の人格の間でも、憲法（やそこから派生する問題）についてかなり異なった意見と常に同居してきたからである（補章「インタビュー　憲法大好き軍事研究者の葛藤と模索」を参照）。ここまで述べてきたような居心地の悪さは、そのまま、私が個人的に体験してきたものだ。

そうであるがゆえに、私の中には一種の相場感がある。意見の違うこの人（というのは自分の両親であったり数年前の自分であったりするわけだが）は決して悪人ではない。馬鹿なわけでもない。私と異なる意見を持つに至る、それなりの理由がある。それは合理的な理由ではない場合もあるし、今の私にはどうしても受け入れられないという場合もあるが、とにかく何らかの理由がある。

思い切り簡単に言語化するとこんなところであろうか。相場「感」という非言語的なものを完璧に言語化するのは不可能であり、掬《すく》い上げ損ねているなにものかがあるような気もするのだが、とにかく最大公約数としてはざっと以上のような感覚を私は持つのである。

結果的に、私の相場感は間違っていなかった、と対話を終えた現在では思っている。本書をお読みいただければ分かるとおり、対話は終始穏やかに行われ、怒声が飛び交うことも殴り合いになることもなかった。意見が異なるところもあったが、総じて前向きに語り合うことができたと当事者としては自負する。あまりにも意見の異なる聴衆は最初から議論に参加しなかった、という可能性も大いにあるが、大事なのは「大体同じような意見の人で話し合う」のではない形で「憲法についてみんなで考える」ことができた点ではないだろうか。

ある日行われた小さな催しの風景ではある。が、これからの何かにつながっていくのではないかとの予感も持った。

そのように願いつつ、さぁはじまりはじまり。

小泉悠が護憲派と語り合う安全保障——「日本国憲法体制」を守りたい●もくじ

第一章

問題提起

ウクライナ戦争から考える日本の安全保障

多くの方にご参加いただき、ありがとうございます。このテーマ（「ウクライナ戦争と日本の未来」）で、九条の会の主催で私が講演会に呼ばれることも、こんなに人が集まるということも、きわめて時代的な現象だと思います。

　四年くらい前でしょうか、ロシアの安全保障をテーマにした岡山の講演会に呼ばれて行ったのですが、ここと同じくらいの広さの会場に五人しか参加者がいませんでした。前のほうにおじいちゃんとおばあちゃんがぱらぱらと座っていて、「みなさん、ソ連って覚えていますかね」みたいな話をしました。数年前までは、北方領土に近い北海道東部の人びとを除くと、ロシアに対する関心なんてそんなものでしたし、それ

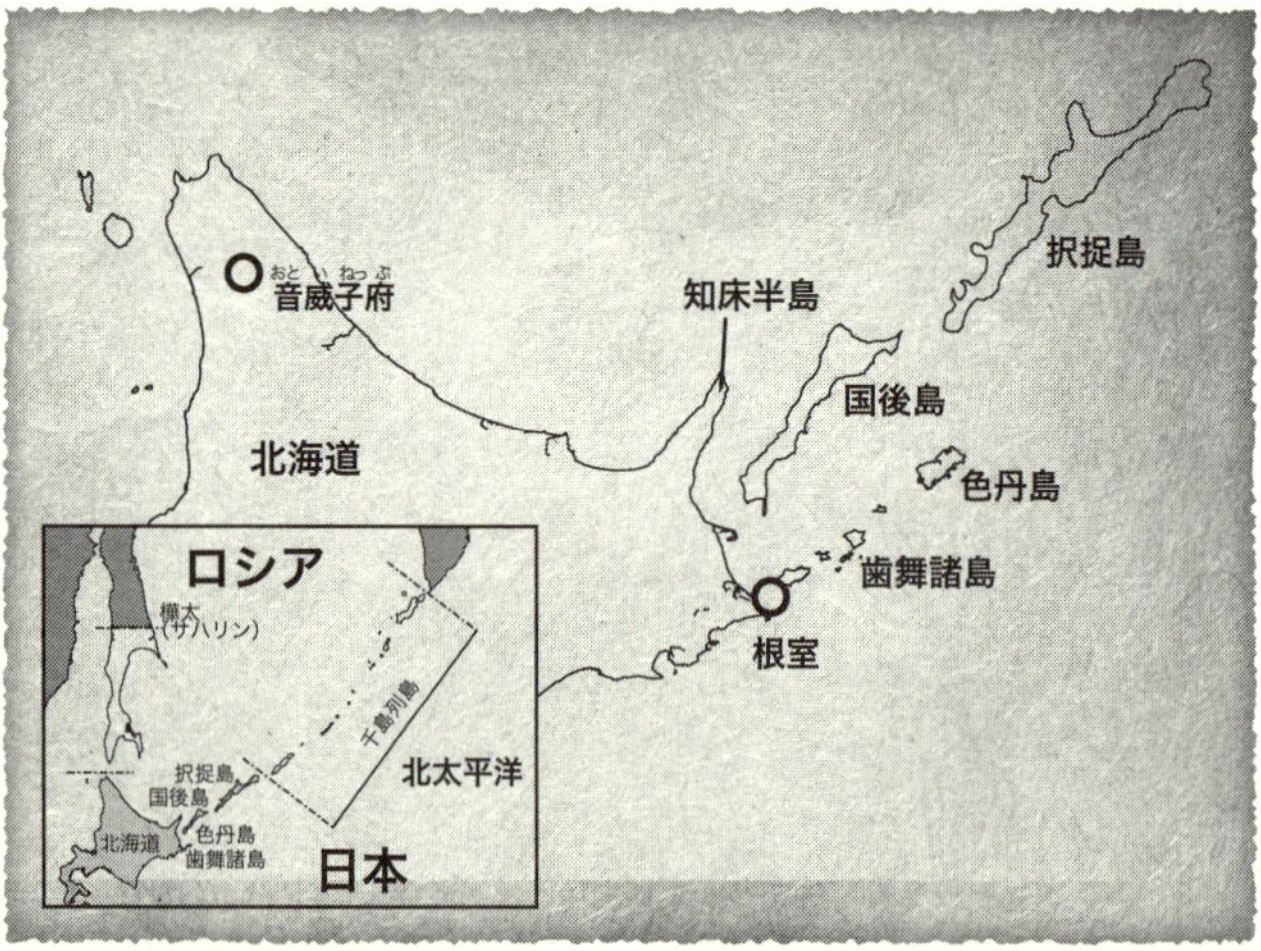

はそれで幸せなことだったと思います。

しかし、二〇二二年二月二四日にロシアがウクライナに攻め込んで以降、ロシアという国や安全保障に対する関心が、非常に悪い意味で高まってきました。私自身も、みなさんの前でお話をする機会が増えました。それだけこの戦争に多くの人がショックを受けているということではないかと思います。本日は、この問題を通じて、日本の安全保障を考え、議論したいと思います。

1、安全保障をめぐる環境は大きく変化している

∇大規模な国家間戦争が二一世紀になって起こった意外性

世界では他にも多くの戦争が起きていますよね。日本の近所で言うとミャンマーでは内戦が続いています。でも、ウクライナほどの注目を集めない。一つには、世界のメディア空間がまだ欧米中心にできていて、欧米にとってはアジアの紛争よりもヨーロッパで起きた紛争の方がずっと関心が高い、という一種の差別性が指摘できるでしょう。パレスチナの紛争もイスラエルが無差別攻撃を始めてからはさすがに騒がれるようになりましたが、それまでは扱いが非常に小さかっ

たですよね。これも中東とヨーロッパの扱いに意識的・無意識的な差別があった結果ではないでしょうか。

他方、これだけでは全てを説明できないとも思います。例えば犠牲者の数です。ウクライナでの戦争が丸二年を迎えた時点で、国連のウクライナ人権監視団が確認できた死者の数は一万五八二人でした。うち五八七人が子どもです。しかも、これはあくまでも「確認できた数」です。実際にはロシア軍占領地域にもっとたくさんのご遺体が取り残されているはずなのですが、ロシア政府は国際的な調査団を入れることを許しておらず、それがどれだけの規模なのか分かりません。

いずれにしても一万五八二人でさえ氷山の一角と考えねばならないでしょう。比較的安定していると思われていた欧州の一角でこれだけの大量殺戮が起きている、ということが、この戦争への関心につながっているのではないでしょうか。

さらに、この戦争は非常に大規模な国家間戦争でもあります。二一世紀になってこういう戦争が起こるということにも意外性があったのではないかと思います。

∇これまで私が体験したのは国家間の近代型戦争ではなかった

私は一九八二年の生まれです。その私が物心ついてからまず目にした「戦争」というのは、西側諸国がハイテク軍事力を駆使して、国際秩序や人道に反した振る舞いをする国家を一方的に叩くというものでした。一九九一年の湾岸戦争や一九九九年のユーゴスラビア空爆などが典型です。これは、その少し前まで想定されていた、NATO軍とワルシャワ条約機構軍による全面戦争（つまり第三次世界大戦）とは大きく異なる「戦争」でした。圧倒的に力の差がある国同士の戦争だったのです。

次に出てきたのが「対テロ戦争」です。これは二〇〇一年の米国同時多発テロ以降に顕著になりました。イスラム過激派組織のような非国家主体との戦争です。こういう戦争では、非国家主体側が正面切っての戦闘で勝てる見込みがないですから、ゲリラ戦やテロなどの手法で西側の軍隊を苦しめました。そこで西側では平和維持活動とか安定化作戦が重視されますが、アメリカは結局、アフガニスタンから無様に撤退せざるを得ませんでした。

また、非国家主体同士が争うとか、そこに国家が介入してくるといった、非常に複雑な戦争も起きてきました。敵味方は頻繁に入れ替わり、戦闘で勝ちさえすれば戦争に勝てるわけではない、というのがこの種の戦争の特徴です。「〇〇の大会戦で勝利を収めた××王国が△△王国に領土割譲を強要する」なんていう近代型の戦争とはかなり違います。

そして私が大学院生の時代に言われていたのは、暴力の烈度自体は低い代わりに、非常に複雑な様相を呈する戦争こそが現代型の戦争なのだ、ということでした。まとめて「新しい戦争」などと呼ばれた戦争形態です。何しろ当時、ロシアはまだソ連崩壊の痛手から立ち直れずにボロボロ、中国は外国に攻めて行く能力がまだまだ低い、北朝鮮は初歩的な核実験に成功するかどうか、という時代です。アメリカを中心とする西側諸国と真っ向から軍事的に対決しようとするのは自殺行為でしたし、あからさまな侵略戦争をすればイラクやユーゴスラビアみたいにボコスカにやられるだろうと思われていました。

▽安全保障を戦争以外の視点で捉える考え方も生まれた

加えて当時の安全保障論の中では、もはや戦争のことだけ考えていてはダメだということも盛んに言われました。例えば、気候変動が安全保障上の重要問題になってくるとか、あるいはパンデミックの問題が――今でいうコロナのような――「次の安全保障の課題としてはこれが来るかもしれない」というのです。

「食料安全保障」という言葉も使われていました。日本は食料を自給できないし、仮に自給しようとしても、肥料を全部自分たちでつくれないわけです。どこかからリンを輸入しなければいけないけれど、日本はリンが出ない。第二次世界大戦中も、日本中で食料が窮乏して困ったわけですが、あれは単純に食料が足りなくなっただけでなく、リンが足りなかったらしいですね。南方からのリンの輸入を断たれ、その結果として肥料がつくれなくなった。当時の大日本帝国は、リンの輸入量の予測に基づいて、四六年くらいに餓死者が出るかもしれないという予測をしていたといいます。

▽ロシア、中国、北朝鮮が安全保障の懸念国として再浮上している

ところが、それから二〇年経ってみると、状況は一変しました。前述のように、ロシアは公然たる侵略戦争を行っています。私はこれを明確に「侵略」と位置付けますが、実際、ウクライナに特に落ち度がないのに外国軍隊の侵略に三年近く晒《さら》されている。

この戦争がどうやって終わるのかはまだ予測がつきませんが、どんな終わり方をしても、欧州には軍事的緊張が残るでしょう。開戦前、ロシアが主張していたのは、欧州の安全保障秩序を変

革すること（西側が旧ソ連諸国をロシアの勢力圏と認めてNATO不拡大を約束することと冷戦後NATO加盟を果たした国々から米軍を撤退させること）、中でもウクライナに対してロシアが強い影響力を保持できるようにすることでした。すると、プーチンがウクライナを完全に屈服させられず、NATOも解体されない以上は、今回のような事態が起こる可能性はこれからも排除できません。

中国の軍事力も凄まじい増強を遂げました。今や西太平洋における平時の兵力を比べると、局所的にはアメリカ軍を上回るほどです。その軍事力を用いて台湾の周辺に弾道ミサイルを打ち込んだりして、公然と武力による威嚇を行っているのだけれども、もはやアメリカも正面から停めにはいけません。一九九八年の台湾海峡危機では空母を派遣して中国の威嚇を止めに入ったアメリカが、今や一歩引かざるを得ないくらいになっています。通常戦力だけでなく核戦力の増強が非常に速いペースで進んでいて、万一にも米中戦争になるようなリスクは冒せなくなっているからです。中国の経済的な存在感があまりにも大きくなっているという事情もありますね。

最後に、北朝鮮です。今や北朝鮮はただの核爆発装置ではなく兵器としての核弾頭を保有していると見られ、その運搬手段（核兵器を目標に放り込む手段をこう呼びます）であるミサイルも多種多様なものを揃えるに至りました。さらに二〇二一年に公表された国防五か年計画では、戦場

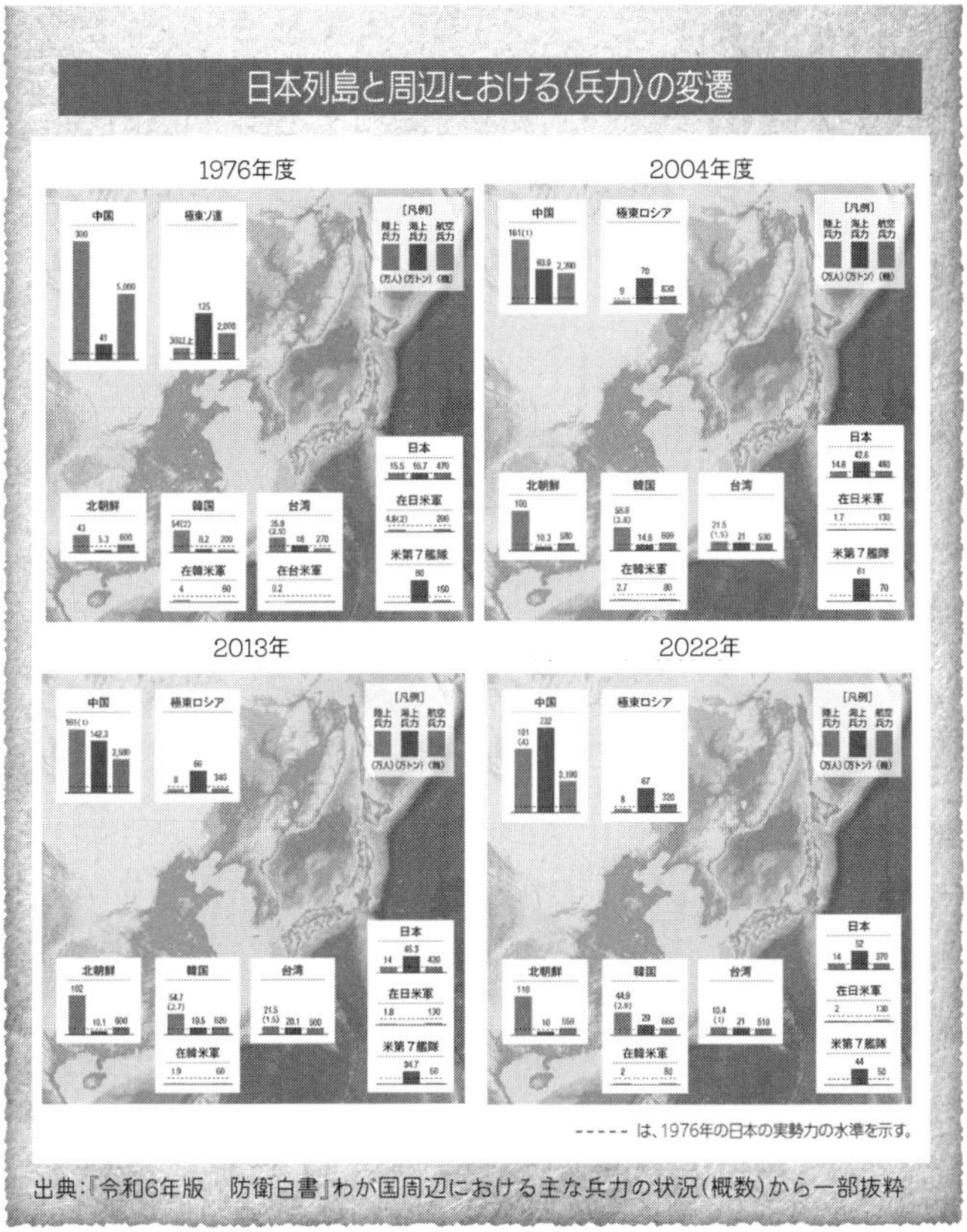
日本列島と周辺における〈兵力〉の変遷
1976年度
中国
300 41 5,000
極東ソ連
30以上 125 2,000
［凡例］
陸上兵力 海上兵力 航空兵力
(万人) (万トン) (機)
日本
15.5 16.7 470
在日米軍
4.8(2) 200
米第7艦隊
80 150
北朝鮮
43 5.3 600
韓国
54(2) 8.2 200
在韓米軍
4 60
台湾
35.9 (2.5) 18 270
在台米軍
0.2
2004年度
中国
161(1) 93.9 2,390
極東ロシア
9 70 630
［凡例］
陸上兵力 海上兵力 航空兵力
(万人) (万トン) (機)
日本
14.8 42.6 480
在日米軍
1.7 130
米第7艦隊
61 70
北朝鮮
100 10.3 590
韓国
58.8 (3.8) 14.6 600
在韓米軍
2.7 80
台湾
21.5 (1.5) 21 530
2013年
中国
161(1) 142.3 2,580
極東ロシア
8 60 340
［凡例］
陸上兵力 海上兵力 航空兵力
(万人) (万トン) (機)
日本
14 45.3 420
在日米軍
1.8 130
米第7艦隊
34.7 50
北朝鮮
102 10.1 600
韓国
54.7 (2.7) 19.5 620
在韓米軍
1.9 60
台湾
21.5 (1.5) 20.1 500
2022年
中国
101 (4) 232 3,180
極東ロシア
8 67 320
［凡例］
陸上兵力 海上兵力 航空兵力
(万人) (万トン) (機)
日本
14 52 370
在日米軍
2 130
米第7艦隊
44 50
北朝鮮
110 10 550
韓国
44.9 (2.9) 29 660
在韓米軍
2 80
台湾
10.4 (1) 21 510
----- は、1976年の日本の実勢力の水準を示す。
出典:『令和6年版　防衛白書』わが国周辺における主な兵力の状況(概数)から一部抜粋

日本列島と周辺における〈核兵器〉を含めた〈兵力〉の状況

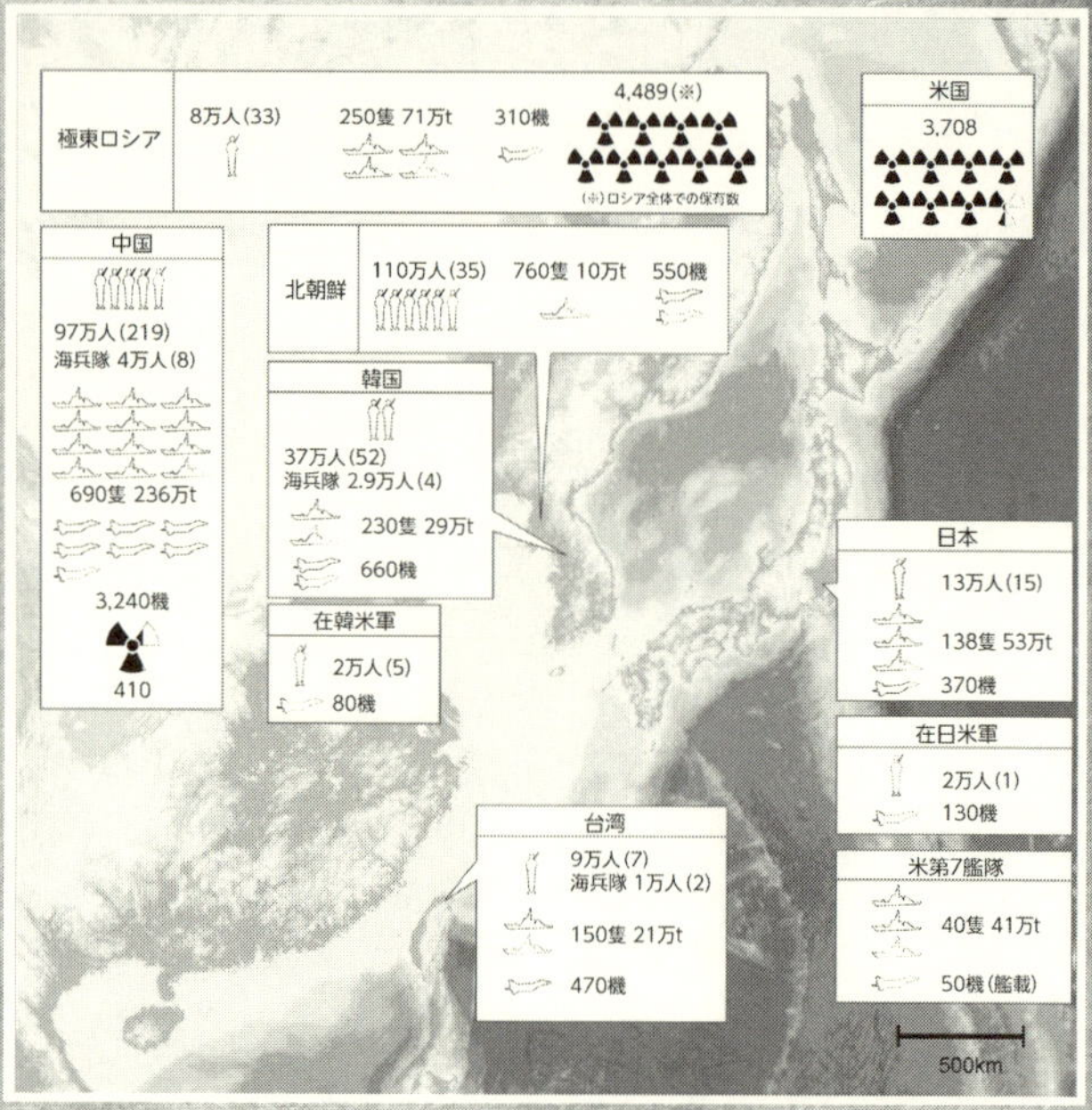

出典:『令和6年版　防衛白書』わが国周辺における主な兵力の状況(概数)から一部抜粋

で使用する小型の核兵器（戦術核兵器）や原子力潜水艦まで開発すると宣言しています。北朝鮮がアメリカに対して与えられるダメージの規模は限られていますが、それでもアメリカやその同盟国の国民を数十万人単位で殺傷できる能力は確実に持っていると見ねばなりません。

今挙げた三つの国は、日本にとっての安全保障上の懸念国として、「国家安全保障戦略」という国の基本文書に載っています。これらの国々の言語を、旧日本軍や自衛隊では露華鮮《ろかせん》と呼んできました。露はロシア語、華は中国語、鮮は朝鮮語。この三つを伝統的に日本の軍隊では外国語として教えてきたわけです。それは、とりもなおさず、この三つの国が軍事的に研究しなければいけない国だったからです。その露華鮮がまた日本の安全保障問題として浮上してきたのがこの一〇年から二〇年くらいの展開だった、ということになるでしょう。

▽「戦争をやってはダメ」と人びとが言い続けてきたから

かつて私が教育を受けた当時のような安全保障観が間違っていたとか、全く妥当性を失ってしまったとは思いません。「新しい戦争」型の複雑な戦争は依然として世界のあちこちで起きていますし、気候変動やパンデミックは今まさに喫緊の安全保障課題となりつつあります。

また、国家間戦争は一〇〇年、一五〇年前と比べると格段に起こりにくくなっています。これにはいろんな理由があります。

一つは、人間が真面目に「戦争をやってはダメ」と言い続けてきたからです。今回はプーチンが戦争を始めたわけですが、国連決議を見れば分かるように、ほとんどの国がプーチンの行動が侵略である、だから反対であると言っているわけです。それを根拠に日本としてもロシアに制裁しているわけです。

もしもこの戦争が、プーチンが二〇〇年前のロシア皇帝として起こした戦争だったら、どうなっていたでしょうか。二〇〇年前というと一八二四年ですが、一九世紀のロシア皇帝が隣国に攻めて行ったとしたら、こうはならなかったはずなのです。なぜかというと、当時の世界では、戦争は合法だったからです。

ちょうどそのころ、プロイセンにカール・フォン・クラウゼヴィッツという軍人がいました。『戦争論』という有名な本を書いた人です。この中でクラウゼヴィッツは、「戦争とは他をもってする政治の延長である」という有名な定義を行っています。つまり、一九世紀のヨーロッパの人たちからすると、戦争は政治の延長線上にあるもので、別に悪いことではないのです。外交交渉をするとか貿易をするとか、その延長線上に戦争というものがある。もちろん戦争という行為の特殊性はあり、そのことをクラウゼヴィッツは哲学的に考察していくのですが、それが悪いことだとは言わないのです。ほとんどの人は当時そんなことを思っていなかった。

▽国連憲章で戦争は違法だと規定された

しかし、そこから一〇〇年を経た一九二四年になってみると、人類は第一次世界大戦を経験しています。工業化時代に入ってからの戦争は、すさまじく悲惨です。それまでの人類が知っている戦争とは違う。出る死者の数も違うし、体が不具になる人々の数も、精神障害を負う人々の数もすさまじく増える。それが人々に衝撃を与え、『ジョニーは戦場へ行った』『西部戦線異常なし』という戦争文学も生まれてきました。いくら何でも「政治の延長」などと言っていられないと、人類は二〇世紀に入るくらいの時期に気づき始めるわけです。

その後、国連憲章が出来て、最終的に戦争は違法であり、やってはいけないと規定するところまで人類は辿り着きました。以前ならわりと気軽に武力を使っていたのだけれど、そういう国連憲章もあるので、人類は武力を使わなくなってきた。そうやって人類は進歩した側面があると思うのです。

武力の不行使に関する国際法の発展過程

1832年	**クラウゼヴィッツ『戦争論』** (戦争が国家の権利とされた時代に「戦争は政治交渉の一つ」だとした)
1899年	**ハーグ陸戦条約**(戦争の手段・方法を制約)
1914年	**第一次世界大戦 勃発**(~1918年)
1919年	**国際連盟規約**(戦争に訴える権利を制限)
1928年	**不戦条約** (侵略戦争の禁止、紛争の平和解決を義務に)
1939年	**第二次世界大戦 勃発**(~1945年)
1945年	**国際連合憲章**(武力行使・武力による威嚇を禁止)
1945年~1948年	**ニュルンベルク裁判・東京裁判** (侵略戦争を犯罪と認定)
1949年	**ジュネーヴ諸条約**(傷病兵・捕虜・文民の保護など)
1970年	**友好関係宣言** (国連総会決議。7つの原則※など国連憲章解釈を具体化)
1974年	**侵略の定義 決議**(国連総会決議)

※ 武力行使・威嚇の禁止、国際紛争の平和的解決、国内問題不干渉、相互協力義務、人民の同権及び自決、主権平等、国際義務の誠実履行

お互いの文化的背景を
理解しながら関係を
構築するために、
国際法は
さまざまな話し合いを経て
練り上げられている…

国際法を基にし
健全な外交関係が築かれ
世界が成り立っていることを
感じられる…

もう一つは、人間と国家の関係性が変わったことです。エフゲニー・メッスネルという二〇世紀のロシア人軍事思想家に言わせれば、国家の「神話性」が剥ぎ取られたということです。かつてなら、「御国のために命を捧げる」ということが、あまり疑問視されずに受け入れられていた。それが「国家ってそこまでのものですか?」というように、国家を相対化する考え方が多くの国で生まれてきた。これも私は大きいと思っています。

∇核兵器の登場で核保有国同士が戦争しにくくなったのも事実

三番目に、核兵器が登場してきたことも無視できません。核兵器が登場したことによって、大国同士は可能な限り戦争を避けるようになりました。大国間戦争は核戦争に発展しかねず、そうなったらもはや「政治の延長」なんて言っていられないほどの被害が出るからです。米露の戦争なんて人類の文明が崩壊しかねない。

実際、第二次世界大戦が終わってからの間、国連常任理事国同士が直接交戦した例は朝鮮戦争と中ソ紛争くらいですが、これも中国が核兵器を持っていなかった時代のことです(中国の核実験成功は一九六四年)。これを最後に、常任理事国同士が真正面から殴り合う戦争は起きていない。

ただ、国家間の全面戦争が起きなくなったかといえばそうではありません。二〇二〇年には旧ソ連のアルメニアとアゼルバイジャンが全面戦争になって後者がナゴルノ・カラバフ地方を制圧しましたし、ロシアとウクライナに至っては、旧ソ連でナンバー1とナンバー2の軍事大国同士による戦争です。六〇〇キロメートルにも及ぶ戦線を挟んで数十万人の軍隊同士が二年以上も全力の殴り合いを続けているのです

戦争は起こりにくくはなったが、決して過去の風景になったわけではない。そういうことを今回の戦争は私たちに教えています。

2、ウクライナ戦争から考える安全保障の条件

∇軍事面で疑心暗鬼を産まない措置や国民同士の交流も

こうした世界に私たちはどんなふうに対していったらいいのでしょうか。

一つのアプローチとしては、戦争や軍事的対立が起きる可能性を今後ともなるべく減らしていくということが考えられるでしょう。貿易を増やして資源を取り合う必要性を減らすとともに、相互依存を強めて戦争のコストを上げる。相互に軍縮や兵力の配備制限を行い、さらには演習や軍隊の移動を通告しあって疑心暗鬼を産まないようにする。国民同士が活発に交流しあう。どれも冷戦後のヨーロッパや中露の間で行われてきたことですし、私はこれをアジアでもやるべきだと思っています。

日本はすでにロシアや中国との間で軍隊同士の偶発的事故を防止するための協定を結んでいますが、例えば北方領土と北海道北部を非軍事地帯化するなんていうことはできないでしょうか。そして、合意に違反しないように互いの査察団や空中査察機を受け入れ合う。実はこれも冷戦後のヨーロッパで実績がありますから、日本だってできないことはないと思っています。

▽非核地帯条約の拡大や憲法九条二項の厳格な実施も選択肢

核兵器とだって、未来永劫共存していけるかどうかはわかりません。冷戦時代には核戦争の危機が何度もありました。その度に各国の首脳が必死に戦争回避の努力をしたり、現場の軍人たち(それも、そんなに偉くない、たまたま当直についていたような人たち)が良識を働かせて踏みとどまってきたのです。核兵器は戦争を抑止する働きもたしかに持っているのですが、その存在自体が人類の安全を脅かしているという側面はやはり無視してはいけないと思うのです。

それゆえに、世界では少なからぬ国々や地域が「非核」を選択してきました。現在、世界には五つの非核地帯条約があり、日本の近所で言えば東南アジアと中央アジアがそうです。非常に難しいことは承知の上で、東アジアだっていつかは非核地帯になれればそれに越したことはないと私は本気で思っています。

それにはかなり時間がかかるとしても、核兵器の削減は真剣に進めるべきです。あれほどいがみあっていたアメリカとソ連だって、幾度もの核兵器削減条約や核実験制限・禁止条約を積み重ねてきました。核兵器を、手のつけられないモンスターみたいに扱うべきではない。

さらにラディカルな意見としては、憲法第九条第二項を厳密に履行すべきということを唱える人もいるでしょう。すなわち自衛隊は廃止し、日米安保も撤廃する。中国や韓国、ロシア、北朝鮮などを含めた国々と非核地帯条約や非軍事地帯条約を作る。外国が侵略してきた場合には一旦無抵抗で占領を受け入れた上で、非暴力の抵抗運動を展開する。最後の非暴力抵抗論はアメリカのジーン・シャープという学者が詳細に理論化していて、それが近年になってまた注目を集めていますが、これは軍事一辺倒の安全保障政策に対して懸念を持つ人が増えてきたことを反映しているのではないでしょうか。

∇ロシアとウクライナも平和努力をしてきたが戦争は防げなかった

しかし、以上は決して万能の策ではありません。ロシアとウクライナの場合を考えてみましょう。

ロシアとウクライナはともに中世のルーシ国家にルーツを持つ国であり、一五ある旧ソ連諸国の中でも特に深い結びつきを持ってきました。ウクライナ人もほとんどはロシア語を喋るから意思疎通はできるし、行き来も活発でした。互いの国に親戚が住んでいるという人も少なくない。

スポーツや文化交流も盛んで、全欧州規模で行われる音楽フェスティバル「ユーロヴィジョン」ではウクライナ人の審査員がロシア代表に票を入れ、ロシア人審査員はウクライナ代表に票を入れ、ということをやっていたのです。経済や産業の結びつきも深く、ロシアなしではウクライナが立ち行かない、あるいはその逆という事例がたくさんありました。宇宙産業なんかはまさにその典型です。

軍事的に見ると、ロシアもウクライナも兵力削減を進めていました。特に二〇〇〇年代末以降、ロシアは大規模国家間戦争よりも小規模紛争への対処に重点を置いたコンパクトな軍事力を目指して軍改革を進めてきましたし、ウクライナは二〇一〇年に成立した親露派政権の下でＮＡＴＯ加盟の方針を放棄したほか、二〇一三年に徴兵制を廃止しています。当時、ロシアとウクライナが全面戦争になるなんて真面目に予想していた人はほとんどいなかったでしょう。

ところが二〇一四年、ウクライナで政変（マイダン革命）が起こり、親露派大統領が失脚すると、ロシアは突如としてウクライナ領クリミア半島に特殊部隊を送り込んで軍事占領し、自国に「併合」してしまいました。同じ年の春には東部のドンバス地方にロシアの民兵が侵入して軍事紛争が起こり、夏にはロシア正規軍が介入して本格的な戦争になっていきます。これを機にロシアとウクライナの関係は一挙に冷却化し、二〇二二年には今回の全面侵略に至ってしまいました。

∇プーチンの言い分には根拠がない

これは文字通りの「侵略」です。プーチンはその実態を糊塗するため、いろんなことを言いました。開戦前年の夏に発表されたプーチンの自筆論文では、ウクライナは本来ロシアの一部なのだとか、それがソ連指導部のせいで独立国になってしまったという歴史観が主張されています。

また、前述した二〇一四年のマイダン革命はアメリカが裏から操って引き起こしたクーデターであるとか、これ以降のウクライナの政権はアメリカに忠誠を誓う腐敗した政権であるとか、さらにはネオナチ的傾向を持つ危険な政権であるということもプーチンは主張しました。

そしていよいよ開戦となると、ウクライナはいよいよNATO加盟国となってロシアを脅かす前線基地になるのだ、ネオナチ政権がロシア系住民を弾圧・虐殺しているのだ、生物兵器や核兵器を密かに開発しているのだといったことを錦の御旗にしました。だから、ウクライナは非ナチ化・非軍事化・中立化されねばならないという論法です。

しかし、プーチンの主張には根拠がありません。ウクライナがロシアとの深い結びつきを持っていることはたしかですが、だからといって国民がロシアへの併合を望んでいたわけではない。

現在のゼレンシキー政権やウクライナの政界でナチス的思考を持つ勢力が影響力を持っているわけでもない（ネオナチ政党もありますが二〇一九年の議会選挙以降は全議席を失っています）。

ドンバスの紛争地域では紛争中にロシア・ウクライナ双方によって非人道行為が行われたことが報告されていますが、その数は親露派武装勢力によるものの方が多かったですし、二〇一五年の和平合意（第二次ミンスク合意）以降には戦闘の巻き添えになって亡くなる人の数も大幅に減少していました。生物兵器や核兵器に至っては、ロシア以外誰もそんなことを言っておらず、ロシア自身も具体的な証拠を提出できていません。

∇侵略は時には起こりうる

そしてNATOです。二〇一四年以降、ウクライナは再びNATO加盟を求めるようになりましたが、アメリカも欧州も皆消極的でした。そんなことをしてロシアと全面的に対決するのはあまりにも危険であり、安い天然ガスも入手できなくなってしまうからです。

だから実際には、ウクライナのNATO加盟は非常に難しいだろうと見られていました。ウクライナは治安や汚職の面でも問題を抱えていましたから、EU加盟はさらに難しい。どう考えても、ロシアが今すぐウクライナに侵攻しなければならない差し迫った理由などなかったと言わざるを得ないと思うのです。

ではプーチンがウクライナ侵攻を決断した究極的な理由はなんなのか。現時点は「よく分からない」というのが最も誠実な答えでしょう。何らかの思惑があったことは間違いないのだけれども、それは今のところ、実証的な方法で明らかにされていないのです。

今言えるのは、外部の世界から見てはっきりと理解できる理由がなくても、国家が外国を侵略することは時に起こりうるということです。あれほどに関係が深く、相互に依存しあっていても、です。

そして残念なことに、一国が決意を固めて侵略を仕掛けてきた場合、これを非暴力抵抗だけで撤退させることはなかなか難しい。絶対に不可能とは言いませんが、難しいことは認める必要があります。ウクライナの人々が非暴力抵抗でロシア軍を追い出せる見込みがあるかというと、この戦争をずっと観察していた私は極めて困難だろうと思いますし、パレスチナの人々についても同様です。軍事的安全保障が万能でないと同じように、非軍事的な安全保障にもやっぱり限界はあります。

3、平和一辺倒と軍事一辺倒の狭間で

では、侵略に備えてハリネズミのような重武装国家になればいいのか。日本も核兵器を保有すべきか。つまり、戦争が起きにくくするのとは逆に、戦って自国を守る能力を高めるというアプローチですが、私はこれも最適解だとは思っていません。

たしかに防衛力は必要です。私はロシアをフィールドとして軍事について研究している人間ですから、軍事的アプローチを基本に据えて物を考えはします。だから、日本がどれだけの防衛力を持てば我が国に対する攻撃のここまでは防げるとか、アメリカの「核の傘」（拡大抑止と言います）を確実にするためにはどうしたらいいかとか、そういうことを日々考えています。

▽核抑止の破綻を示す「安定・不安定のパラドックス」!?

特に核兵器のことは抜きにできません。二〇二三年の広島原爆投下記念日にあたり、広島県の湯崎知事が「安定・不安定のパラドックス」に言及されました。膨大な数の核兵器を持つ核保有国同士は戦争ができない。ということは、非核保有国に対して少々の軍事力行使を行ったところ

で核保有国が介入してくることはないだろうという見通しが立ってしまう。これが一九六〇年代から指摘されてきた「安定・不安定のパラドックス」です。

湯崎知事が指摘するように、ロシアのウクライナ侵略はまさにこのパラドックスを具現化したものでしょう。世界で最も多くの核兵器を持っているのはロシアとアメリカです（どちらが多いかはカウント方法によって変わります）。核軍縮条約をやってだいぶ減らしてきたのですが、アメリカとロシアがその気になっていっせいに核ミサイルを撃ち合うと人類の何分の一かは死ぬ、という程度の力を両国は持っている。

だからこそ、ロシアがウクライナを理不尽に侵略しようとしていることが分かっていても、バイデンはアメリカ軍を送らないと戦争前からはっきり言っていました。戦争が始まってからも、NATO軍が間に入って止めに行くのかというと、それはしません。ウクライナの普通の家にミサイルが飛んできて人々が死んでいくのを見ていながら、NATOのミサイルで撃ち落としてやることはしないのです。一方、イスラエルにイランのミサイルが飛んできたらアメリカ軍は遠慮なく間に入ってきて、イージス艦のミサイルで撃ち落としてやっています。

▽「パラドックス」ゆえに核兵器に価値を見いだす保有国

この違いは何なのかといったら、結局、核を持っているかどうかです。イランは核兵器を持っていないけれど、ロシアは持っている。だからアメリカが参戦してくると、核保有国同士の直接交戦になってしまう。それは全面核戦争になりかねないから、ウクライナはかわいそうだけれど実力で介入することはしないというのが最初からのアメリカの立場なのです。そういうアメリカの立場を読んだ上で、ロシアはウクライナに攻め込んでいる。つまり、ここでは核兵器が抑止という役割をたしかに果たしています。

「『安定・不安定のパラドック』が起きるのだから核抑止という考えは破綻しているんじゃないか」と湯崎知事はおっしゃったわけですが、私はむしろ、パラドックスの存在ゆえに各国は核兵器に価値を見出しているのではないかと思うのです。今ごろモスクワの参謀本部のロシア軍将校たちは、「やはり核は有効だな」と思っていることでしょう。実際、ロシアは通常戦力だけでなく核戦力の増強を熱心に進めていますし、同じ理由で中国や北朝鮮も核兵器開発を加速させています。

中国は従来、「最小限抑止」を核戦略の基本として掲げ、アメリカに届く戦略核兵器はごく少

世界の国々の配備核弾頭数の推移

	2020年1月	2024年1月
米国	1,750	1,938 ⇧
ロシア	1,570	2,670 ⇧
英国	120	105 ⇩
フランス	280	10 ⇩
中国	—	476 ⇧
インド	—	172 ⇧
パキスタン	—	170 ⇧
イスラエル	—	90 ⇧
北朝鮮	—	50 ⇧
その他	184	
合計	3,904	5,681 ⇧

増やしているのはどういう理由からか

どういう合意のとり方で減らしているのか

どうやったら世界の安全を保ちながら減らしていけるのだろう

出典：SIPRI YEARBOOK 2020および2024
※—は0（ゼロ）を意味します。
※貯蔵核弾頭・退役核弾頭は除きます。

数しか保有していませんでした。しかし過去一〇年くらいで中国の核戦力は急速に増え、二〇二三年時点で五〇〇発の核弾頭を実戦配備しているとアメリカ国防総省は見積もっています。米露の戦略核弾頭配備数がそれぞれ一五〇〇発くらいですから、中国の核戦力は既に米露の三分の一くらいになっている（ただし、米露はこの他に戦術核兵器も持っています）。ロシアの協力で建設した高速増殖炉が稼働すると、中国の核弾頭保有数は二〇三〇年に一〇〇〇発、二〇三〇年代半ばには一五〇〇発に達するという見積もりもあります。

　こうなるとアジアでも「安定・不安定のパラドックス」を心配しないといけませんし、これを回避するためには生半可な軍事侵攻では効果を発揮しない程度の軍事力を台湾や日本が持たないといけない、ということに軍事の論理ではなります。

▽軍事力一辺倒では「安定」と呼べるか

ただ、軍事力の増強は必ず相手側の対抗軍拡を招きます。それに対してこちらもさらなる軍拡を行わなければならなくなり、双方とも望んでいないのに戦争に至ってしまう。これが有名な「安全保障のジレンマ」です。しかも、一度戦争が始まると、「相手をやっつけてしまわないとこちらがやられる」という恐怖が生まれます。つまり一度暴力を行使し始めると、無限にエスカレートしていく。こうした暴力の増殖メカニズムを指摘したのが前述のクラウゼヴィッツでした。

だから、軍事力による安全保障という考え方に無批判であってはならないと思うのです。中国と真正面から軍拡競争をやったら先に限界が来るのは日本の方でしょう。もっと言えば、「核の傘」を差し掛けているアメリカは所詮他人ですから、より確実な安全保障を求めるなら日本が核武装しないといけなくなる。アメリカへの信頼が揺らいだら、先に核武装を選択するのは韓国かもしれませんね。韓国で世論調査を行うと国民の過半数は核武装を支持するという結果になるそうです。

でも、中国、ロシア、北朝鮮、アメリカに加えて日本や韓国まで核兵器を持ったら東アジアでは六つもの核保有国が並立することになるわけで、これが果たして「安定」と呼べるのかどうかははなはだ自信がありません。ちょっとした手違いが起これば核戦争の連鎖が起こりかねず、そうなったらもう戦争は「政治の延長」などではなくなってしまうでしょう。

▽「お花畑」と「軍事的安全保障」

じゃあ結局、どうすればいいんだ、という話ですね。残念ながら簡単な答えはありません。しかし、簡単な答えはないと認めることは第一歩だと思うのです。

第一のアプローチ、戦争が起きにくくする方法を追求するべきだと考える側は、第二のアプローチを愚かさの極みだと見做しがちです。軍事的安全保障というアイデア自体が間違っているので、もっと周辺諸国と仲良くすればいいじゃないかという考え方は倫理的ではあるし、何より未来志向で明るい。だから軍事的安全保障論者というのはあまりに後ろ向きである、戦争を望んでいる、あるいは戦争を望む誰か（ここにはアメリカや軍需産業が代入されることが多い）の手先である、という主張をよく目にします。

他方、第二のアプローチの立場からは、第一のアプローチが「お花畑」だという声が出ることが多いように思います。周辺諸国と仲良くしたところで何の役にも立たない。軍事力を可能な限り持ってしっかり備えないといけないのに何を言っているんだ、愚か者め、とか。あるいは、そういうことを口にする人間は中国や北朝鮮の手先だ、と言う人も珍しくありません。

こうしてみると、どうも安全保障に対するある考え方は、それと異なる立場の人々に対する「愚かである」、「邪悪である」、「外部勢力の手先である」という拒絶の態度に繋がっていく傾向があるようです。

本当にそうなんでしょうか。まぁ、そういうこともあるのかもしれません。実際、あまりに極端なことを言う人というのは実際にいますし、誰かの手先として活動している人もいなくはないのでしょう。

▽しんどくても対話を諦めない

でも、どんな主張であれ、大多数はそうじゃないんじゃないかなぁ、というのが私の考えです。私は第二のアプローチに近い人間です。でも、第一のアプローチの人、あるいはその他のアプローチの人ともなるべく積極的に対話することが必要だと考えているので、招かれればなるべく出ていってお話をするようにしています。で、行ってみたら、別に愚か者も悪い奴も誰かの手先もいないんですよね。

日本が平和でなければいけないという点では概ね一致があって、ただ、そのためのアプローチがそれぞれの信念によって大きく違う。言うなれば出口はそう大きく違っておらず、入り口に関する考え方が違っているということなんじゃないかと思うのです。ただ、お互いにどういう動機や考え方で相手がそのアプローチを選んでいるのかを、それぞれの立場の人はあんまりよく知らない。だから話し合わないといけない。

まぁ、これは典型的な「言うは易し」型の話ではあります。

自分と真っ向から意見の違う人と話し合うというのはしんどいことだし、どうしても意見の相違は残りますし、時には感情的になったり露骨に悪意を向けられたりもします。ネット上では政治的な立場の違う相手に対する非常にキツイ言葉で溢れていますよね。そういう言葉を向けられても平然としていられるほど人間ができているとは自分でも思わないので、対話の相手も実際には選びながらやっています。

でも、同じ日本人の間でさえ対話を諦めてしまったら、違う国の人たちとの対立を対話で止めようという第一のアプローチなんてまるで現実性がないということになってしまわないでしょうか。実際問題として難しいのはたしかなのですが、軍事的安全保障に頼らないのだという立場に立つ人ほど、意見の異なる相手との対話を諦めてほしくないのです。もちろん、そのためには軍事的安全保障を主張する我々のような側の人間も聞く耳を持たねばなりません。

楽観的すぎるといわれようと、私はその点では敢えて楽観論者として振る舞いたいと思います。そうでないとひたすら現実を追認するだけになってしまうからです。

∇落としどころを決めるには哲学（覚悟）が必要である

しかし、さっきも申し上げたように、簡単な答えはないわけです。何故、第一のアプローチが全てを席巻しないのか。あるいはその逆ではないのか。それは、どちらの意見にも一長一短があるからにほからないと思うのです。だからどちらの意見も正しいんだけど、同時に弱点を抱えている。

とするならば、現実に日本国が取る外交安全保障政策というのは、二つのアプローチの間のどこかに位置するものとならざるを得ない。しかも、中間地帯のどこに点を打つのかについては、絶対的な正しい答えがない。国民から支持されたその時々の政権が「エイヤァ」で点を打っているわけです。これは政府が無責任だと言っているわけではありません。絶対的に正しい安全保障政策というものがあればいいんだけれども、それが見当たらないから「エイヤァ」になってしまうのですし、この点はこれからも変わらないでしょう。

ただ、「エイヤァ」には一定の哲学が伴っていなければならない、というのが私の考えです。二つのアプローチを両極端とするスペクトラムの中の、どこに点を打っても、必ず不完全なものになる。

例えば自衛隊を大幅に削減して日米安保も破棄し、アジア諸国と友好路線を取るという政権が現れたとします。その時に、それがどこまであるべき日本像やアジア像を考え抜いたものであるのか。あるいはなんとなくに過ぎないのか。軍事的侵略を受けるリスクが高まってでも非軍事路線で行くんだという覚悟を日本国民みんなで固めた上での選択であるならば、それは一つの見識であるでしょうが、なんとなくこれまでの政権と違うことをするんだという程度のことならば私は「ちょっと待ってくださいよ」と言うでしょう。逆もまた然りです。だから私がいう「哲学」というのは、「覚悟」と言い換えられるかもしれませんね。

ということで、今日はいろんなお話をさせていただいて、「日本がどんな国でありたいのか」、「そのときにどんなリスクをどこまで受け入れるのか」ということを皆さんと考えられたらいいと期待しています。

いったんここまでにしたいと思います。ありがとうございました。

第二章

対話 I

安全保障をめぐる現状をどのように考えるか

1、西側の冷戦の戦後処理には三つの問題があった

Q　今日の話を聞きながら興味がわいた点として一点質問したいと思います。ロシア・ウクライナ戦争の原因はどこにあるかという議論になった時に、ロシアを擁護する論陣の一つとして、東西ドイツの統一交渉の時にNATO不拡大の約束がされたという話が出てきます。九〇年二月九日に米国のベーカー国務長官がソ連のゴルバチョフ書記長に対して、「NATO軍の管轄は一インチも東に拡大しない」と発言したというものです。しかしこれは、あくまでアメリカの国務長官の口約束だったという説明がされていると思うのです。一方で、たとえ口約束であれ、約束を裏切られたという感情とか不信感がロシアの側に残ったことはおそらく事実ではないかと私は思います。こうしたことを考えた時に、文章化されているものであれ、文章化されていないものであれ、国際政治における約束というものを、ロシアの政治家はどこまで拘束力のあるものだと捉えているのでしょうか。僕の問題意識としては、冷戦の戦後処理の不完全性みたいなものの根幹にあるところだと思うので、この辺りでのロシアと西側諸国に常識の差が、どこまでギャップがあるのかをおうかがいできればと思います。

∇ロシアとしては騙された感覚を拭えていない

ありがとうございます。プーチン自身も、いま言われたベーカー国務長官の「not one inch（一インチたりとも）」発言については何回も言及しているのですが、プーチンの引き合いの出し方というのは、ゴルバチョフが間抜けだった、きちんと紙にしておけばよかったのだというものです。つまりロシア側としても、口約束など信じられないという文脈の中で使っています。

ただ、おっしゃるように、西側が冷戦の戦後処理を間違えたのではないかという感覚は、私自身も強く持っています。この話はたぶん三つくらいに分かれると思います。一つ目は、いわゆるベーカー発言が本当にあったのか、どういう内容だったのかという密室の中での外交史の話です。二つ目は、そのベーカー発言を含めて、西側が冷戦の終結をどう捉えて、どう処理しようとしたのかというレイヤーの話。そして三つ目は、そのことが今回の二〇二二年二月二四日に戦争が始まったこととどうつながっているのかという話です。

一番目の話は、私は外交史家でないので、専門的なところは全然分かりません。ただ、ベーカー発言が旧東ドイツ領内のことを言っているのか、ヨーロッパ全体のことであったのかが争点であったようですね。ここにソ連側と西側とで深刻な捉え方の違いがあったということが現在ま

ソ連の成立から解体（崩壊）までの歴史

1922年	ソビエト社会主義共和国連邦（ソ連）成立。
	ウクライナ、ベラルーシ、ソ連に加盟。
1941年	ナチス・ドイツ、ソ連に侵攻（独ソ戦。～1945年）。
1953年	スターリン（ソ連首相）死去。
1955年	NATOに対抗し、ソ連・東欧によるワルシャワ条約機構結成。
1985年	ゴルバチョフ、ソ連共産党書記長に就任。
1988年	ウクライナのチョルノービリ（チェルノブイリ）で原発事故。
	ゴルバチョフ、「ペレストロイカ（改革）は第二の革命」と宣言。
	※ゴルバチョフ、欧州共通の家構想（Common European Home）
1989年	東欧革命。「社会主義」政権が次々崩壊。
1990年	バルト三国（リトアニア・エストニア・ラトビア）が独立宣言。
1991年	ワルシャワ条約機構を解散。
	反ゴルバチョフの八月クーデター。ソ連共産党解散。
	ソ連最高会議による連邦解散宣言（ソ連崩壊）。

当時、なぜソ連はそれぞれが合意し成立したのか

地球のためにどういう切磋琢磨をしていくことが、今、求められているのだろうか

この過程を人類の遺産として、私たちはどう考え、何をすればよいのだろうか

で尾を引いていて、ロシアとしては「騙された」という感覚を拭えないことはたしかであろうと思います。

▽社会主義崩壊で冷戦終結が冷戦敗北になってしまった

次に二番目のレイヤーです。ご質問にあったように、西側の国が冷戦の終結をどう処理しようとしたのかについては、私はいろいろ問題があったと思います。

まず、ロシア側の視点ですが、一九八九年に冷戦終結宣言をした時点では、ロシア側は負けたとは思っていなかった。核兵器を突きつけ合う冷戦という人類最悪の愚行を米ソで一緒に協力して止めたと考えるわけです。そして、そのままソ連が存続していれば、おそらくそういう形で続いたのではないかと思われます。どこかでまた冷戦が再燃して、新冷戦となったのかもしれませんが、少なくとも八〇年代末から九〇年代初頭の冷戦終結というものが、冷戦敗北という受け止めにはならなかったはずなのです。

でも、それとほぼ同時にソ連が崩壊してしまった。あるいは、社会主義体制が崩壊していくことになったので、冷戦終結が冷戦敗北になってしまう。

アメリカ国内でどう受け止められるかというと、フランシス・フクヤマに代表されるように、ヘーゲル以来の自由民主主義思想が勝ったのだ、イエナ・アウエルシュタットの戦いの時に決まった人類の運命がついにここで実現したみたいな議論が広がります。アメリカはものすごく多幸感にあふれた感じになってしまう。

その間、ロシアでは経済も治安も滅茶苦茶になって、昨日まで物理学の教授で核兵器の研究をしていたような人が職を失って食べる物にも事欠くとか、マフィアみたいな連中が幅を利かすといったような惨めな状況になる。それを見たアメリカ人は「われわれは勝ったな」と思ったし、ロシア人は「負けたな」と思うところはあったわけです。

もう少しそれを大きなレベルで考えると、ロシアにとって不満だったのは、NATOが解体されなかったことです。ロシアは、冷戦が終わればNATOが解体されると期待していたフシがあります。ゴルバチョフは冷戦末期、「欧州共通の家構想」を出してきましたし、メドジェーベフ政権の時にも「欧州安全保障アーキテクチャー構想」が提示されます。西側中心ではない何らかの包摂的なヨーロッパ安全保障のようなものをつくってくれれば、われわれはもう少し満足するのだという感覚があったのです。これがロシア側の視点の話です。

▽冷戦処理の間違いとウクライナ戦争開戦動機を結びつけてはいけない

そこを捉えて、西側のインテリの中にも、ロシア擁護論として、西側が冷戦の戦後処理を間違えた結果、ロシアは追い詰められてウクライナを相手に開戦をやむなくされたと言う人がいます。ロシア側もそう言うわけです。僕もそれは否定できないとは思うのだけれど、二つの留保条件をつけたいと思います。第一に、ＮＡＴＯ拡大がなぜ起こったのか。それはソ連がバルト諸国をナチスとの取引で強制的に併合し、フィンランドに中立を強要し、冷戦開始後は東ヨーロッパを支配下に置いたからです。ソ連自身のこうした振る舞いが「NATOに入って安全を確保したい」と冷戦後のバルト・東欧諸国に考えさせたわけです。第二に、ロシアが冷戦後の欧州秩序を面白く思っていなかったということは、直接にはウクライナ戦争には結びついていないということです。これが次の三番目のレイヤーの話になります。

既に述べましたが、二〇二二年以前に、ウクライナを真剣にNATOに入れようとしていたかというと、そういうことではありませんでした。二〇〇八年にブダペストで開かれたNATOサミットではそういう話が出たけれど、ロシアの非常に強硬な反発を見たドイツとフランスは、これは危ないと考えて当時のブッシュ米大統領を説得して加盟行動計画（MAP）の発出を差し止めたのです。あれ以降、西側の国の中で、ウクライナを真面目にNATOに加盟させましょうという話は、まったく進んできませんでした。同じく二〇〇八年にNATO加盟が議論されたジョージアもそうです。

一方で、今回スウェーデン、フィンランドは非常にあっさりとNATOに入りました。フィンランドとロシアの国境は一三四〇キロもあります。純軍事的に言ったら、ウクライナがNATOに入るのも嫌でしょうが、フィンランドが入るのも同じくらい嫌なはずです。何しろこれでロシアはNATO加盟国と非常に長大な国境を接することになったわけですから。

1949年設立のNATO、拡大の流れ
1949年の創設メンバー
1950-1996年に加盟
1997-2022年に加盟
2023年に加盟
2024年に加盟
加盟申請中
スウェーデン
フィンランド
ロシア
ウクライナ
クリミア*
*ロシアは2014年にクリミアを併合
出典：BBC記事　2024年3月8日付／北大西洋条約機構（NATO）
https://www.bbc.com/news/world-europe-68509301
ロシアを含めた
安全保障秩序は
どうやって構築できる
のだろう
安全保障秩序構築、
その構築以外にも視野に入れると
協調していく手段は
いくつあるのだろう

でも、それに対してロシアはほとんど目立った反応を示していません。ガラ空きだったフィンランド国境に三個軍団を配備することを決定しはしましたが、それはロシアの主権的な権利であって別に非難される話ではありません。でも、ウクライナに関してはＮＡＴＯ加盟の現実味などないのに軍隊を送り込んだわけで、どうにもチグハグです。ＮＡＴＯ拡大に対する面白くなさはあるにしても、それが今回の戦争を始める動機とは直に結びついていないと考えるべきではないでしょうか。

∇ロシアをどう扱えばよかったのか

それで第二レイヤーの問題に戻ります。ロシアを冷戦後どう扱ったらよかったのかという問題ですが、これはこれで改めて考えねばなりません。これから先のヨーロッパを安定化させていくためには、第二レイヤー問題は真面目に考えるべきなのです。

先ほど、欧州における軍事的緊張緩和のための諸措置、専門用語でいう信頼醸成措置（ＣＢＭ）について言及しましたが、これを発展させてロシアも含めた欧州大の新しい安全保障秩序を作っていくという道はたしかにあったはずです。実際、西側としてもＮＡＴＯ・ロシア理事会を設置するなどして一定の配慮を示しましたが、ロシアは不満を抱き続けました。

他方、ロシア国内における権威主義化やバルト・東欧諸国のロシアに対する懸念を無視すればよかったのだということにはならないでしょう。重要なのは「ロシアの扱いを間違えたのだ」という単純な話に落とし込まず、複雑な事態を複雑に語るという態度です。ロシアをもう一度国際社会に包摂し直す道は、その先にしかないと思うのです。

2004年	ブルガリア、エストニア、ラトビア、リトアニア、スロバキア、スロベニア、ルーマニアがNATO加盟。
2007年	米、東欧でのミサイル防衛計画を発表。ロシアが反発し、欧州通常戦略条約の履行を停止。
2008年	ジョージア紛争発生。NATO緊急外相会議でロシアに警告。
2009年	米、東欧でのミサイル防衛計画を撤回。
2014年	ウクライナ紛争。ロシア、クリミアを併合。NRC停止（2016年再開）。
2019年	米、中距離核戦力全廃条約の破棄を通告し、失効。
2021年	NRC停止。
2022年	ロシア、ウクライナに全面侵攻。

2014年から
ロシア不在のG7…
2024年G7ドイツ、
2023年G7 広島、
2024年G7イタリア…

NATO・ロシアを取り巻く歴史

1975年	全欧安全保障協力会議(CSCE)発足。 (NATOとワルシャワ条約機構の間の対話・交渉の多国間フォーラム)
1990年	ベーカー米国務長官「NATO軍の管轄は1インチも東に拡大しない」。
	NATO首脳会議でロンドン宣言。 (ワルシャワ条約機構の敵視を放棄)
1991年	ワルシャワ条約機構の正式解散。
	北大西洋協力理事会(NACC)設置。 (NATO諸国とソ連・東欧諸国の協議体)
	ソ連解体。ロシアのエリツィン大統領、NATO加盟要請発言。
1994年	NATO首脳会議で「平和のためのパートナーシップ」(PfP)提唱。ロシアも参加。
1995年	CSCEを欧州安全保障協力機構(OSCE)に改称。
1996年	ロシア、欧州評議会(CoE)に加盟。 (人権・民主主義・法の支配の基準策定をめざす国際機関)
1997年	NATOロシア基本文書調印。 (「ロシアを敵視しない」とした)
1999年	チェコ、ハンガリー、ポーランド、NATO加盟。 OSCE、イスタンブール首脳会合で平和解決を定めた憲章を確認。
2000年	プーチン、ロシア大統領に就任。
2002年	NATOロシア理事会(NRC)設立。 (ロシアのNATOへの準加盟)

1945年以来、さまざまな文化的背景を尊重し関係構築のために複数の組織が誕生している…

2、日本を等身大のものとして捉える

Q　僕は開戦当時ロシアのクラスノダールの大学にいましたが、戦争が起こったために帰らされました。当時その場にいて、ロシアの戦争も含めて独特の雰囲気、市民の空気感みたいなものが衝撃的な形でいろいろ伝わってきましたが、戻ってきて二年もたつと、どうしてもつながりも絶たれていきますし、徐々に分からなくなっていくのが現状です。日本で得られる情報が限られていく状況に苦しんでいます。小泉先生は、ロシア研究者として、統計データなどでは見られない問題、国内でロシアの今の雰囲気などをどのようにして得ているのか、そのノウハウをおうかがいしたいのです。

▽当面は「ロシアに詳しいおじさんの顔」はしない

ご質問に関して言いますと、僕もだんだんロシアのことが分からなくなってきています。僕が最後にロシアに行ったのは二〇一九年で、翌年も当然行くつもりでいたら、コロナが始まって行けなくなってしまいました。そうこうしているうちにきな臭くなって、本当に戦争が始まってし

まったということで、丸五年ロシアに行っていません。

僕の中には、ロシア研究者と軍事研究者の両方の部分があるのですが、そういう事情もあってロシア研究者の部分は当面開店休業するつもりでいます。ロシアは今こういう社会になっていますとか、こういう雰囲気ですということを人様の前で言えるほどの知見がもう私にはありません。

ただ、ある程度連絡が取れる友人はいるし、妻はロシア人なので、向こうの実家の様子は伝わってきますし、時々向こうの家族がこちらに泊まりに来たりするので、彼らの話を聞きながら、少なくともモスクワは今こんな感じかというのは、何となくは分かるつもりではいます。けれども、それ以上のことは正直言って全然分かりません。

今、モスクワの街がどういう感じなのか、あるいは地方がどういうふうになっているのか、社会的に暗いのか明るいのか。意外と変な多幸感があるように僕には見えるのですが、それも実際どうなのだろうというのは、行ってみなければ分からない。だから当面は「ロシアに詳しいおじさんの顔」をするのはやめようと思っています。しょうがないから軍事研究者の方を主軸にするつもりです。

Q 最後のほうのお話で愕然《がくぜん》としてしまったのですが、今、日本の世の中は非常に浮き足立っているというか、安倍さんの銃撃事件もあり、いろんな意味で右傾化している現状もあります。プーチンは民族主義的な野望を持っているというお話がありましたが、現在の日本の保守はどこを目指しているのでしょうか。一説によると明治新政府の状態に戻したいと言っている人までいるくらいです。そこを打開するためには、最後の方に言われた哲学的な安全保障の考え方が必要だ、哲学を持った考え方が必要だと言われたことが大事だと思います。しかし今、日本の国の教育などの面でいうと、哲学的な論理思考は一番弱いのではないかと思います。次の討論のテーマになるかもしれないのですが、現状、いろんな新聞などを読んでいると、フランスの高校生は哲学ばかり勉強しているということまで目に入ってきます。今の日本の一番弱いところだと思うので、そこをどう回復していけるのか。大丈夫だというなら、それを教えてください。

▽日本には足りないものもあるが、持っているものもある

フランスに対してそんなにコンプレックスを持たなくていいと思います。フランスの教育はたしかに優れているのでしょうが、しかしフランスはフランスで多くの問題を抱えています。哲学を高校生に教えるという話でいうと、ロシアの高校もなかなかです。でもああいう国になってし

まう。哲学的な思考はやった方がいいとは思うのですが、では皆さん哲学しましょうと言って、哲学を教えたらいい国になるのかといえば、そうでもないと思います。

それにロシアもフランスもそうですが、哲学を学んでいるのはトップ層なんですよね。高校生全部がそうではない。その点、日本の教育は画一的かもしれないけれども、中間層を厚くするという日本なりの良さを持っているとも思うのです。

もっと言えば、日本人が戦後に培ってきた思想や価値観みたいなものはないのでしょうか。私はあると思うのです。日本が今持っているもののことを考えると、確かに日本に足りないところもあるのだけれど、持っているものもある。

この問題を論じ合うと、右の議論も、左の議論も、どうしても全否定になりがちなわけです。日本はダメだと、右も左もそれぞれに言う。実際にダメな所はたくさんありますが、僕は、日本は六〇点か六五点は取っていると思うのです。いろんな国に行ってみると、日本は全然できていないと思う所もありつつ、日本の方が圧倒的に勝っている部分もあります。

というと「どこが?」と言われたりしますが、まず日本は治安がいい。犯罪が少ないというだけでなくて、役人や警官に賄賂を渡さなくても普通に暮らしたり、世界的に見てまずまずの水準の公共サービスに接することができています。

もちろんその公共サービスにダメなところがあるとか、政治家が裏金を作っていたとか問題点もあるのですが、私が観察しているロシアはそれどころではありません。政権を批判する記者が謎の死を遂げるとか、何千億、何兆という富を権力者が独占したりということも日本では今のところないわけです。あとバリアフリーとか環境への配慮がかなりの程度行き届いているのも、私は日本人として誇らしいことだと思っています。

他方、メディアの自由度ランキングは下がっていますし、経済力や科学技術力の低下も止まりません。社会的に弱い立場にある人の保護とか、女性や性的少数者の権利とか、改善すべきところも山ほど指摘できます。

そうやって日本ができているところ、できていないところをきちんと採点してあげるのが、私は第一歩になるのではないかと思っています。左派が言うような世界で最低の国でもないし、保守のいう「美しい日本」でもない、等身大の我が国の姿を認めるということです。言い換えると、「ダメ」か「最高」の二分法ではなくて、百点満点でグラデーション状に評価しようということです。そうでないと、今が完璧でないからみんなぶち壊して理想化された架空の過去にまで戻るんだといった極端な話になってしまう。私はそれは絶対望ましくないと思うのです。

今日はいろんな方がいらっしゃるので、日本のここはいいと思うのだけれど、これがダメなのだとか、今の日本のここをこう変えなければいけないというお話をぜひ聞かせていただければと思います。

3、「待合室」をみんなで作っていく

Q　本日の講演会に九条の会の関係で来ていらっしゃる人は、たぶん戦争絶対反対でしょう。私は昭和三三年生まれの人間なのですが、いわゆる平和教育をかなり受けてきた人間です。日本の現状を見ていますと、おかしな世の中になってきたと思っています。しかし、周りに悪い国があるので今のままでは対外的に日本を守っていけないぞという方々が少なくないのが現状であり、口が悪い人から言わせると、われわれのような考えの人間は頭の中がお花畑で歌を歌っているようだと批判されます。われわれの若いころ、七〇年代、八〇年代は、反戦ソングを歌って、平和な国日本でありたい、アメリカは日本から出ていけと真剣に叫んでいた。しかし今、変な方向に行っているなという憤りはあります。若いころはリベラルな考え方ばかりだった大学生の友だちが、現在はほとんどネトウヨになってきている。同級生の連中の九割とは言いませんけれど、七割、八割はネトウヨですよ。

▽平和で安定していて民主的な国は誰もが共通して願っている

お花畑とネトウヨというのは、面白いキーワードだと思います。なぜかその二つの類型しかないかのように論じられるわけですが、そうではないはずなのです。

私は、いわゆるお花畑的な思想というものもネトウヨ的な思想も、現状を異常に悲観的に見るか、異常に楽観的に見るかという点で、きわめて極端なところに共通項があると思うのです。その間に、大事な何かが存在するはずだと思っているのです。しかし、二つの入り口は違っているので、入口論から入ってしまうと、すごく混乱することになるのでしょう。

今、日本の目の前にあるいろんな課題を並べてみて、では防衛政策をどうするのかとか、その中で防衛費にどれくらい使うのかとか、いろんなことを論じていくと無数の選択肢がありますね。その組み合わせを選んでいくと——たぶん自分の考えにぴったり合う政党はおそらくないわけだし、全部の分野のことをよく知らないから、非常に極端に振れやすいと思うのですが——、もう少し整理されないかと思うのです。つまり、いっぱいドアがあるので、わけが分からなくなるのですが、出て行きたい出口の所は、そんなにみんな変わらないのではないかと思うのです。

例えば、日本が平和であって、安定していて、民主的な国である。いわゆる右と言われる人も左と言われる人も、そういう日本でありたいという点では、そんなに大きく乖離《かいり》しない日本のイメージを描けるのではないだろうか。そこに向けてどの道を通るのが最適であるのか、どの道を通るのが倫理的であるのかという議論をしていければ、いくら何でももう少し建設的な対話ができるのではないかとずっと思ってきました。

というのは、実は僕の両親は九条の会の会員なのです。そこから僕のような息子が生まれてくるのは、かなりの突然変異でしょうね。当然なかなか家庭の中での話が合わなかったりもしますし、感情的になることもあります。でも、そうやって意見の合わない人たちをすっかり滅ぼしてしまうわけにはいかないでしょう。意見は違うけれども共存していける日本を私は目指したいと思います。

飛行機に乗る時、それぞれ違う保安検査場から入っていって、同じ待合スペースに入り、それからまたそれぞれの飛行機に乗っていきますよね。入口も出口も違うんだけど、みんな飛行機に乗るという目的は共有していて、同じ待合スペースで待ってるわけです。だから、その待合スペースをなるべく快適ないい空間にするために協力できないだろうか、というのが私の願いです。

Q　私はトルコの政治を一〇年くらい見てきました。その中で、トルコに関連して分からないと思っているのは、プーチンがトルコに来ると言っているのに来ないことです。いつもキャンセルする。新聞ではプーチンが来るといつもジャーナリストなどが言っていて、この日には来るぞと言われるのですが、でも来ない。結局アックユ原発ができた時にもビデオでお祝いの言葉を述べているだけです。これはトルコの視点ですと、トルコはNATOの国だから警戒して来ないのではないかと言われているのですが、この点について先生はどのように見られているか、お知恵をお貸しいただければと思います。

∇トルコほど親ロシアのNATO加盟国はない

ロシア人は「お前の家に行くよ」と言っても、なかなかやって来ません。来るにしても大抵遅れる。三人で待ち合わせして、「ヤバい、三〇分遅れちゃった」と思って行ってみたら、僕が一番早かったみたいなことがしょっちゅうあります。

プーチンのトルコに行く、行かないという問題が、もともとどのくらい確度の高かったものなのかは分かりません。しかし、私も二〇二三年九月にトルコに行ってみた感じでは、この国のロシアとのパイプはなかなか太いと思いました。向こうの有識者の方と話してみても、ロシアの国際有識者会議であるヴァルダイ会議などに行って実際プーチンとも会っているとか、エルドアン大統領との会談にも同席してこんな話をしたのだけれど…というような話をされる有識者の方もいました。プーチンがそろそろトルコに行くというような話を、ロシア大統領府からの情報としてつかむようなジャーナリストは、トルコ国内にきっといるのではないかとは思っています。

ただ、ウクライナとの戦争をめぐって、最初はトルコが仲介的な立場をとっていたのだけれど、二〇二三年の穀物合意が破綻したあたりから、トルコのロシアに対する仲介力はいまいち落ちているのではないかという感じはしています。それがウクライナをめぐる問題そのものなのか、シリアなんかの中東問題との関係なのかは専門的にみていないので分かりません。

トルコに行ってみて感じたもう一つの点は、こんなに親ロシア的なNATO加盟国はめったにないだろうということでした。ロシアにしてみればトルコというアセットは絶対手放したくはないのでしょうし、いずれ行くには行くのでしょう。二四年五月七日のプーチンの大統領就任式が終わって、初外遊は中国でしたが、その後もお披露目の外遊をあちこちやりに行くでしょう。それが一段落したあたりで、中東はトルコあたりから始める可能性が高いのではないかと思っています。

4、プーチンが倒れたらウクライナ戦争に変化が出るか

Q 先ほど小泉先生がおっしゃられた開戦の理由についてのお話の中で、プーチンの考えていることが分からないみたいなお話があったと思うのですが、実際この戦争においてプーチンの裁量はどのくらいの大きさなのでしょうか。勉強不足で申し訳ないのですが、もしプーチンが何らかの理由で倒れたら、軍隊の司令部が停戦に向けて動くみたいな、別の動きが出て来る可能性はあるのでしょうか。それとも、プーチンが強い影響力を持っているという形なのでしょうか。プーチンの取り巻き、近い人間たちが動いていて、もし仮にプーチンが倒れたとしても、戦争はある程度続くのか、どういう感じなのでしょうか。

▽健康マニア、プーチン

ロシアの憲法では実はそのことが明確に規定されていまして、大統領が執務不能になった場合は、首相が大統領代行になると決まっています。この規定に従って、一九九九年一二月にはエリツィンが執務不能を宣言して、プーチンを大統領代行にしました。そこから三か月、大統領代行

としてプーチンの顔を売らせて、正式に二〇〇〇年三月の大統領選でプーチンを当選させるという権力移譲だったのです。

この戦争中にプーチンが倒れて死ぬかどうかは分かりません。彼は健康マニアですから。

例えばプーチンはタバコを吸いません。ロシアの男はヘビースモーカーが多いのですが、プーチンは吸わない。閣僚を集めて、全省庁禁煙令を出したりもしています。唯一抵抗したのが外務省。外務大臣ラブロフはチェーンスモーカーで、絶対やめたくない。プーチンが閣僚を集めて「お前らみんなタバコをやめるように」と言うと、ラブロフはニヤニヤ笑っていて言うことを聞かないのです。プーチンが「何を笑っているんだ。お前の所も禁煙だぞ」と言うのだけれど、いまだに外務省は吸えるのです。

だからたぶんプーチンはそんなに簡単には死なないと思います。もし仮に死ぬと、憲法の規定に従って、首相が大統領代行になりますが、現在のロシアの首相の名前を知っている人はおられますか。知らないですよね。ミハイル・ミシュスチン。よほどのロシア通でないと知らないと思います。元連邦税務庁長官です。税務署の方がおられたら申し訳ないのですが、税務関係の地味な仕事をやってきて、実務能力が大変高い。プーチンとの関係もとてもいいという人なのだけれど、彼がプーチンの跡を継いでロシアをまとめていけるかというと、たぶん難しいだろうとみられています。プーチンが仮に死ぬとか、意識が混濁して執務ができないとなった場合は、一種の集団指導体制になると思います。

∇プーチン死後の体制は？

スターリンが死んだ時と近いと思うのです。あの時はソ連の有力勢力がカルテルを結んで、とりあえず急場をしのぐための集団指導体制をつくるわけです。その中で一番ヤバそうなラヴレンチー・ベリヤを処刑して体制を安定させ、その中からフルシチョフが出てくるという権力移譲をやったわけです。

これまでかなりの意思決定権をはじめとする権力がプーチンに集中していたことは間違いないので、プーチンが死んだらそれをどういうふうに分散して、またどこかにまとめ直すのかというプロセスが始まるはずです。その時に誰が力を持って、誰が力を落とすのかが、おそらく重要になってくるのですけれど、これればかりはやってみないと分からないですね。

安倍さんが亡くなった後の安倍派みたいに、まとまらないという可能性も大いにあります。つまり、今のプーチン・システムの内部にいる人たちが、寄り合い所帯をつくろうとするけれど、まとまり切らない。もっと民主的な別の勢力が力を持つとなってくれれば一番いいけれど、そうではなく、パトルシェフみたいなプーチンのKGB時代からの仲間が、ミニ・プーチン体制をつくるのかもしれません。場合によってはもっと過激な連中が権力を握る可能性もあります。でなければ、九〇年代のロシアみたいに、オリガルヒ（新興財閥）が異常に力を持って、これはこれで政治混乱につながる可能性もあります。

いろんな可能性があるのだけれど、現状ではプーチンさえ死んでくれればこの戦争が止まるということは、なかなか予期しがたいと残念ながら思います。

5、戦争で妥協が実現する可能性、北朝鮮用とされる兵器の問題点

Q　二つお伺いしたい。一つは、ウクライナはゼレンスキーを大統領に選びました。それまでウクライナでは政争が絶えなくて、民主主義の授業料を払っているなと私は思っていたのです。ゼレンスキーが当選した時点で、あの人なら戦争はしないだろうと思って選んだのだのではないかと推測するのです。当時、クリミアは別としまして東部二州で住民投票をすると、たぶんロシア帰属を望む方の方が多かったのではないかと思います。だからうまいこと妥協して、その流れに任せるみたいな道もあったのではないかと思うのです。もちろん日本でこんなことをツイッター（X）で言ったらすぐに炎上するのですけれども、何万人も死者を出す戦争とどちらがいいのかと考え込んでしまうのです。その点を先生にお聞きしたいのです。もう一点は、北朝鮮の話が出たのですが、北朝鮮はたぶん国体護持が最大の目的であって、日本みたいなポチは相手にしていないと思うのです。ところが日本は、たった一〇機くらいの飛行機しか積めない空母をつくって、空母を建造したかのようなバカなことを言っている、私は実はミリタリーオタクなのですが。北朝鮮は仮想敵国として重視しないといけないのかどうか、その点でお話をお願いします。

▽ミンスク合意は欠陥があったから合意できたが、それ故に履行もできなかった

まず前提の話です。おっしゃっているのは、二〇一四年九月の第一次ミンスク合意と、二〇一五年二月の第二次ミンスク合意のことですね。第一次ミンスク合意には追加議定書もついていたので、これらをまとめてミンスク諸合意と言います。ロシアの言うとおりにミンスク諸合意を履行していれば、戦争にならなかったのではないかということだと理解しました。

しかし、ミンスク諸合意で想定されているのは、東部のドンバス二州がロシアに帰属するかどうかではないのです。二州（正確には親露派武装勢力が占拠していた「人民共和国」）がウクライナ領であることは認めるというのが、二つのミンスク合意の大前提です。ただし、ウクライナ領であるところの二州に特別な地位を与えるということです。

問題は、この特別な地位をどういうやり方で決めるかについての方法論でした。住民投票をすることは決まっていたのですが、ロシア管理下でやるのか、ウクライナ管理下でやるのかが明らかでない。今、ドイツの大統領をやっているシュタインマイヤーが外相時代に仲介し、シュタインマイヤー方式といって実施順を組み替えてやる妥協案を出してみたのだけれど、結局これもうまくいきませんでした。

これはもともとミンスク合意自体が持っていた欠陥です。欠陥だらけのものでなければ、プーチンもドンバスの親ロ派も認めなかったわけですけれど、そうであるがゆえに履行ができなかった。

ここにゼレンスキーでない人が出てきていたら、魔法のような妥協策を提示して解決できて、戦争にならずに済んだか。なかなか難しかったのではないかと私は思います。ここまで述べたように、ミンスク合意自体に欠陥があったし、欠陥のある合意でないとまとめきれなかったからです。二〇一九年の大統領選でゼレンスキーのライバルになったのはドンバス紛争当時の大統領だったポロシェンコですが、彼が選挙で勝っていてもおそらくプーチンは難癖をつけて戦争を始めた可能性が高いと思います。

∇ロシアが本当に東部二州をほしかったかは分からない

もう一つの問題は、この戦争は本当にあの二州の帰属をめぐる戦争であるのかどうかということです。これがよく分からない。ロシアは二〇一四年、クリミアを制圧したあと、すぐ併合しました。クリミアはロシアにとって愛国心のシンボルみたいな場所だから、あそこを併合することは、プーチンにとって大変価値が高いのです。

ところが、ドンバス二州は人民共和国ですというばかりで、ロシアに併合することもしないし、この二つの人民共和国を国家承認することもしませんでした。ジョージアの南オセチアやアブハジアと同じような扱いです。「ロシア軍もそこに駐屯していますけれども、国家承認はしません」という扱いなのです。だから、あの二州がほしかったわけではないだろうという気がするのです。

この戦争が避けられたかどうかは、プーチンがそもそもなぜ二〇二二年二月に戦争を始めたかという問いに密接に関連していて、ところがその答えがよく分からないということは既に申し上げました。少なくとも合理的な選択モデルでうまく説明できない。この意味でも、ゼレンスキーだったから戦争になったとは私には思えません。

▽「いずも」型護衛艦の改修と長距離ミサイル導入のねらい

北朝鮮に関しては、「いずも」型護衛艦の改修は、おそらく対北朝鮮用ではないでしょう。予備飛行場がない南西諸島周辺での運用を念頭に置いていると聞いています。北朝鮮に関しては、BMD（弾道ミサイル防衛　Ballistic Missile Defense）による拒否的抑止力の構築を、この三〇年ずっと中心にやってきたわけです。ここにF－35を加えるなら北朝鮮のミサイルを発射前に基地ごと叩くという構想になると思いますが、北朝鮮のミサイル発射装置はほとんどが移動式ですから、難しいでしょう。

また、日本政府は長距離ミサイルを導入しようとしています。これには二種類あります。

その第一は島嶼防衛用高速滑空弾という名前で独自開発が進められているもので、南西諸島に上陸してきた中国軍を見つけて移動する前に長距離から叩く、という構想です。見つけたらすぐ叩いてしまわないといけない移動目標のことを「タイム・センシティブ」な目標と言いますが、そのためには非常に速度の速いミサイルが要る。島嶼防衛用高速滑空弾のブロックⅡは極超音速ミサイルになると見られています。

今計画されている、多数の衛星で目標地域を高頻度撮影する能力が実現すれば、中国の上陸部隊だけでなく北朝鮮の移動式ミサイル発射機もミサイルが飛び立つ前に叩けるかもしれません。ただし、上陸部隊と違って移動式ミサイル発射機を叩くのは、やはりかなり難しいと思うのですけれど。

∇純軍事的には理解できても国防政策として不誠実

しかし、第二に、日本政府はもっと低速の、代わりにステルス性の高い長射程ミサイルの導入も進めています。既に導入が決まっているJASSM-ERのような空中発射型巡航ミサイルだけでなく、艦艇から発射されるトマホーク巡航ミサイルも四〇〇発導入することになっています。

今回導入するトマホーク・ブロックVは飛行中に目標情報をアップデートすることが可能なので、動くターゲットに対してもある程度は使える可能性がありますが（先行して導入するブロックⅣもブロックVに改修予定）、亜音速で遅いのでおそらく難しいでしょう。とすると、本当の目標は飛行場や港湾、司令部など、移動させられないが叩かれると戦力発揮に大きな影響が出る軍事インフラではないかと思います。

これはこれで純軍事的には分からなくない話ですし、私はこれが専守防衛を完全に逸脱するものとも思っていないのですが、そうならそうと説明すべきではないでしょうか。それが言えないから北朝鮮のミサイル発射基地を叩くかのようなことを言っているのは不誠実だと思います。

しかもこの反撃能力論は、安倍政権がイージス・アショアの配備に失敗した時に、その代わりであるかのような顔をして出てきました。本来、この二つは別物ですから、代わりになってはいけないはずなのです。

安倍政権はまた、イージス・アショア問題に乗じて核シェアリングということも言い出しました。政権の失策でミサイル防衛システムができなかったのに、代わりにいきなり核シェアリングという全然関係ない話をねじ込んできた。これは絶対にやってはいけないと思います。

改修型いずも型護衛艦の有効性は別として、北朝鮮対応をめぐる国防政策の不誠実さには私は非常に懸念を持っています。

第三章

対話Ⅱ

私たちは今後どうすればいいか、何ができるか

1、「専守防衛」をどう考えたらいいか

Q　ウクライナ戦争後の世界と日本の現状、戦争後の世界を私はイメージできないのです。とくに日本に関することとなると、ウクライナ戦争を見ていてずっと思うのは、専守防衛論というのは本当に成り立つのだろうかということが、頭をよぎるのです。小泉先生はどう思われるでしょうか。

∇軍事的には成り立たない専守防衛だけれども

この後居酒屋で小一時間やってみたいような話ですねえ。結論から申し上げると、軍事的に考えたら、専守防衛にはなりません。日本に攻めてくる敵の拠点を叩けないと、一方的に主導権を握られた状態で受け身に立たされ続けるしかないからです。

今のウクライナもそれに近い状態に強制的に置かれています。もともとウクライナは長距離攻撃能力をたいして持っていない。西側がミサイルをくれるのだけれど、ロシア連邦領内に打ち込むなよと念書を書かされてもらっているのです。だから、どんなにやられても、ウクライナはロシアの砲弾工場や戦車工場を吹き飛ばすことはできない。そういう制約つきで戦争をやっている

から、ウクライナ軍は苦しいのです（その後、２０２４年１１月にバイデン政権が長距離攻撃兵器によるロシア領内攻撃を許可）。

しかし、ここで問題になってくるのが哲学の問題です。純粋な軍事の論理で言えば専守防衛は成り立たないんだけれども、安全保障を純軍事的にだけ考えていったら大変なことになります。この場合、防衛費はＧＤＰの五％とか一〇％になるでしょうし、核弾頭を積んだミサイルを持つのが最適解ということになってしまう。

でも、世界の多くの国はそこまでしようとはしません。どこの国も軍事的には最適解でないことは承知でその国なりの防衛政策をやっているのです。日本の場合、「我が国が再び軍事大国になってアジアを脅かすことはない」ということを目に見える形で示すことを軍事的な合理性の上位において、それを専守防衛という形で具体化したわけでしょう。

国家が持っている外交・安全保障上のツールの一式をダイム（ＤＩＭＥ：外交・情報・軍事・経済）と言います。日本の専守防衛政策は、軍事よりも外交や経済を中心とする発想の中から生まれたものであって、それは一つの哲学だったはずです。

だから私は専守防衛を一概に否定しません。それはたしかに軍事的に不完全なものであるのだけれども、民主的に選ばれた政府の選択を軍事的な理由で変えるわけにはいかない。軍事的な合

主な国、主な地域の陸上、海上、航空の〈兵力〉

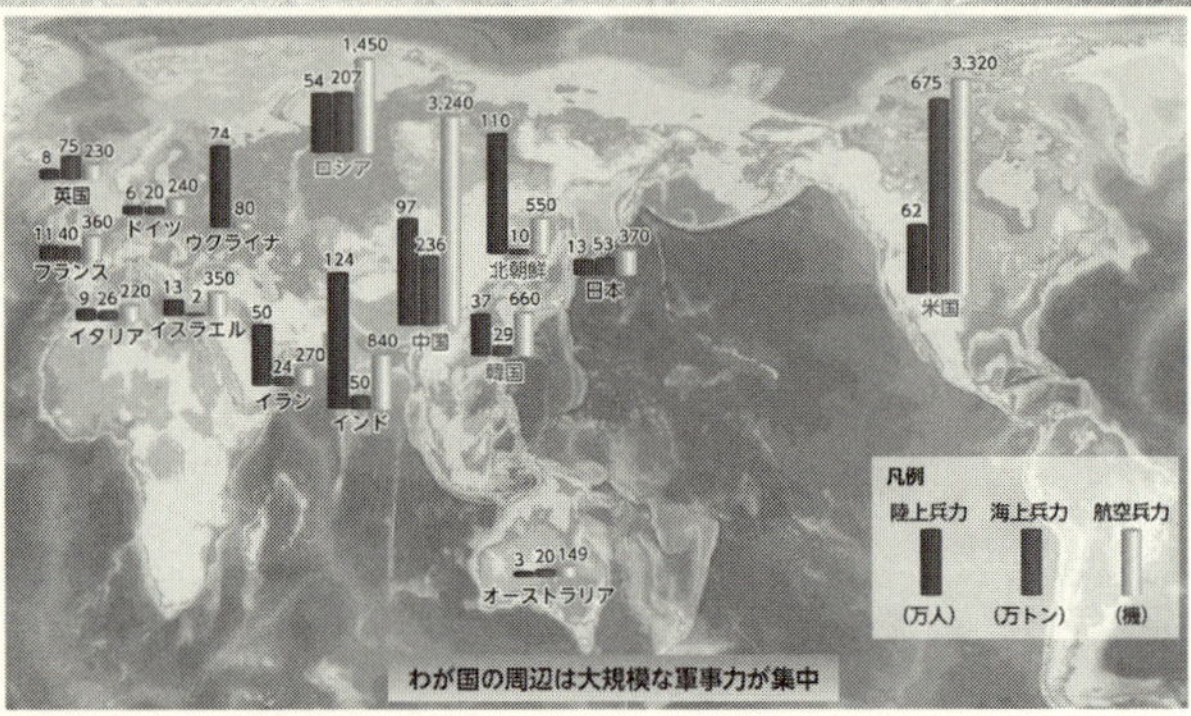

出典：『令和6年版　防衛白書』主要国・地域の兵力（概数）から一部抜粋

理性だけで安全保障を考えていいなら話は簡単だし、政治家も要りません。市ヶ谷の防衛省の中にいる役人や自衛官にみんな丸投げしてしまえばいいでしょう。でも、それではただの軍事独裁国家であって、それは戦後の日本人が選んだ哲学、すなわちあるべき日本の姿ではなかった。私は、多少軍事的に非合理であっても、日本人が民主的な国家を選び取ろうとしたことは尊いと思っています。

∇専守防衛を徹底的に考えぬき、堂々と議論すべきだ

ただ、専守防衛を国家的な哲学の反映とするなら、その前提の範囲内でＤＩＭＥを徹底的に考え抜かねばなりません。「周辺諸国と仲良くする」とか「貿易で相互依存関係になる」という程度のふわっとした話で

はいけません。

ＤＩＭＥのＤ（Diplomacy）、つまり外交について言えば、日米関係がどのような状態にあれば軽武装の日本でもアメリカの拡大抑止が効くと確信できるのか、中国や韓国、北朝鮮、ロシア、台湾との間でいかなる安全保障上の関係を結ぶのかがゴリゴリに検討され、戦略として練り上げられてないと無責任です。

これはＭ（Military）、つまり軍事の部分でもそうで、専守防衛をやるならどれだけの規模・装備の自衛隊が必要であるか、専守防衛を放棄した場合と比べて国民や自衛官の犠牲をどれだけ増えるのかを（ここは純軍事的に）徹底して考える必要があります。そのためには周辺諸国の軍事力や軍事戦略を高い精度で把握し、シミュレーションや統計的な研究の知見も取り入れなければなりません。でも、現状でここまでやった上で専守防衛になっているかというとそうではない、というのが私の評価です。

さらに、専守防衛とはどこまでの範囲を言うのかも問題です。日本政府の見解では、それは「座して死を待つものではない」とされてきました。例えば日本に向けて核ミサイルが発射されることが高い確率で予期される場合に、ミサイル基地を叩くことまで専守防衛に入るのだということですね。岸田政権以来の日本政府が進めてきた反撃能力保有というのはこの議論から出発していて、この理屈で言うと日本に対する侵略行為の策源地（軍事力発揮の根拠地）を叩くことも入る、とも考えられます。先に、反撃能力が専守防衛から逸脱するものではないと私が述べたのはこのためです。

ただ、先ほどの質問のお答えと被ってしまいますが、そうならそうときちんと政府が国会で説明すべきではないでしょうか。ミサイル基地を叩くのが難しい以上、専守防衛のための反撃能力にはもっと広範な目標が入るはずです。当然、そのことには反論もあるでしょうし、島嶼防衛のための極超音速弾はいいが中国の港湾や飛行場まで叩くのはやりすぎ、という切り分け論もあるはずです。二〇二四年一〇月の衆院選に際して立憲民主党が出した政策集の中では、実際にこのような切り分けがが盛り込まれました。こういう議論がもっと必要なのです。防衛政策というのは国民自身のものです。国民が選び取らねばなりません。

2、力が幅を利かせる世界で大国でない国がなすべきこと

Q 「力による現状変更」という言葉があって、それは戦争で国境を変える、領土を取るという意味だと思うのですが、第二次大戦の際に大西洋憲章というものが発せられて、戦争の目的として領土を獲得しないことをアメリカ、イギリスが明確にしたと聞いています。それが国連憲章に引き継がれたと思うのですが、ウクライナがこの状況でもし負けたり、降伏なり占領されるという状況になった時に、その原則が崩れるわけです。それに対してNATOなり西側諸国は頑張ろうとしているように見えるのだけれど、ヘナヘナとなっているような気がしています。この原理があると非常に安心して暮らせると私は思っているのですけれども、どうもウクライナの状況によっては崩れるのではないかと思っています。そのことについて一言お願いいたします。

▽建前にも意味がある、それを破っているのがロシア

この戦争ではロシアに失敗してもらわないといけません。私がそう考えている理由は、まさにご質問の点にあります。

問題解決の手段として戦争をしてはダメだと、それを大原則にするところまでは、人類は一応、到達できた。土地がほしいからといって勝手に奪うのは、一九世紀までだったら当たり前だったわけです。資源地帯がほしいとか、植民地がほしいとか、そう思ったら攻めて取ることは何ら悪いことだとは思われていなかった。そこから比べたら、私はずいぶん人類は進歩してきたのではないかと思うのです。人類は愚かだけれど、愚かなりに進歩できる生き物であるという感じがするのです。

だけれども、今回の戦争はその進歩を真正面から台無しにしようとするものです。さらに始末が悪いのは、そういうルールをつくって守らせる側の国のはずの、国連常任理事国であるロシアがやっていることなのです。

われわれが一応、ギリギリで守ってきた建前みたいなものが損なわれるのではないかという懸念が、私にはあります。建前を破ってみせることが賢いという「ハック」的な思想が昨今では幅を利かせていますが、やはり建前というのは大事です。みんなが建前は破りにくいものであると思っているからこそ、社会はある程度回っているのだと思うからです。だって、みんなが「ハック」しあうことをよしとしたら、よほど目端の効く小利口な人しか得をせず、残りはみんなカモということになってしまうでしょう。こんな社会はしんどいし、今回はうまく「ハック」できた人もいつカモになるか怯えていないといけなくなってしまう。

その意味で、建前を真正面からぶち破っているロシアの振る舞いは誰のためにもならない。核の力と、実際に隣国に攻めていく通常戦力によって、建前を無力化しようとしている。これは日本のように軍事的超大国でない国にとっては非常によくない流れです。

∇冷徹な「力の論理」は小国を見捨てることがある

これに対して、実はアメリカの中では「しょうがない」と思っている人が結構います。アメリカのある種の戦略家たちは、世の中はそういうものだと見ているのです。そこにアメリカが力を使って無理に介入していって、ロシアを止めるなどということをして、核戦争にでもなったらどうするのだ、東ヨーロッパはロシアの好きにさせてやればいいではないかという考え方です。

例えばアメリカの空軍のランド研究所という世界的な軍事研究所があります。そこのロシア研究プログラムの主任はサミュエル・チャラップ氏ですが、彼は戦争が始まる前、二〇二一年の秋ぐらいの段階で、「圧力をかけるべきはロシアではなくウクライナだ」という論考を書いていました。つまりウクライナに諦めろと言え、それこそがアメリカの国益だと軍の研究所が言うわけです。

もともとアメリカの軍事戦略家にはこういうところがあります。彼らの至上命題は大国と戦争をしないこと、その範囲内でアメリカの国益を最大化することだからです。時に小国を見捨てるのが最適となったら、彼らは遠慮なく見捨てます。むしろアメリカの左がかった人たちの方が、それはおかしいだろうと言っている。

今回の戦争は、この半年ぐらいはウクライナ軍がものすごく劣勢ですから、そうするとアメリカの一部の戦略家は勢いづくわけです。やはり俺の言った通りだろう、ウクライナにはそろそろ降参すると言わせるのだよ、それでロシアは満足するのだからと言うわけです。

冷徹な「力の論理」としてはそうなるのかもしれません。けれども、「ハック」化された社会と同様、そういう世界でうまいこと生きていけるのは大国だけだと思います。しかも軍事的な意味での超大国だけです。もっとあけすけに言うと、核兵器を何百発も持っている国だけです。

そういう世界でも、世界最強の軍事力と経済力を持つアメリカはサバイブできる。中国もやっていけるのでしょう。ロシアはだいぶ落ちるのだけど、資源と核があるからやっていけるでしょう。

∇「核武装国家・日本」にならなかった理由

でも、日本はそういう国ではない。トランプはロシアに対して好きにやるように勧めるとまで言ったらしいですね。「大丈夫かこの人は」と思うのですけれども、そういう世の中になってしまうと、日本は生存を確保できません。その時に、大国が力を使ったらわれわれは諦めるしかない世界に住むのでしょうか。

こういう世界を単独で生き抜こうとするなら、核武装が視野に入ってきてしまいます。日本の場合、それなりの経済力と工業力があるので、核武装という選択肢は物理的には不可能ではない。でも、私は「核武装国家・日本」を見たくありません。これは軍事的な思考の結果ではなくて、一人の日本人としてそういう日本には住みたくないということです。

さらに、フィンランドやバルト三国のような小国には核武装の選択肢さえありません。そこでどうなるかというと、国民皆兵です。一八歳以上の男も女も軍事訓練をして、いざとなったら国民全部でゲリラ戦をやるというトータル・ディフェンスの考え方になる。その結果、国民の何割かが死ぬし、勝てもしないのだけれど、最終的に攻めてくるロシア軍にものすごいダメージを与える公算を高める。これによって侵略を困難にさせるというメチャクチャ陰惨な国防政策が出てくるわけです。

日本はそういう国防政策をこれまで採用してこなかった。つまり核開発もしなかったし、トータル・ディフェンスもやらなかったのは、日米安保をある程度信用してきたからです。そうでなければ、ソ連か中国の軍門に下る可能性もあった。どれも面白くない選択肢です。昔は、日本がソ連型社会主義体制になるのも問題の解決策の一つであると言われていたわけですけれども、おそらくこの半世紀くらい、それが望ましいという議論はあまりなかったと思うのです。

∇アメリカが独善的だからといってロシアや中国が信用できるわけではない

ということを考える時に、今あるものを何とか維持していかないといけないと思うのです。今ある秩序は欠陥も多いし、欺瞞《ぎまん》も多いし、あばら家みたいなものなのだけれども、あばら家を取り払った後にもっといい家ができる見込みが今のところない。あるいは、あばら家を取り払って野原で暮らすのがいいのだと言う人もいるのだけれども、私は到底それがいいとは思えないのです。何とかあばら家がまだ建っているうちは、これを補修しながら使っていくしかない。

もちろん、アメリカをそんなに信じていいのか、という反論はあるでしょう。アメリカだってひどいことをするではないかとか、アメリカに追従するだけが外交政策なのかとか、いろいろな議論があります。私の両親は学生時代にベナム戦争での米軍の蛮行を見ているからアメリカを全然信用していませんし、私自身も学生時代にアメリカがイラクに難癖をつけて攻めていったところを見ています。前述のように、ウクライナの戦争に関してもアメリカの国内には随分と独善的な意見があることは忘れてはなりません。

しかし、そのアメリカと対峙しているから、ロシアや中国の方が信用できるという話にはならない筈です。ロシアもまたウクライナでの戦争で理不尽な暴力を振るっていることはここまで述べてきたとおりですし、その過程で巻き添えにした民間人の数や、占領地域における人権侵害の酷さはとても看過できるものではない。中国が新疆ウイグルでやっている人権侵害や強引な海洋進出、台湾への軍事的な威圧も然りです。

▽問題は、アメリカがロクでもない時

だから、大国というのはすべからく暴力性や独善性を持っている、とむしろ見るべきではないでしょうか。そして、日本はそういう意味での大国ではないし、そのような日本になるべきでも

ない。そういう日本の在り方は悪くないと思うのです。そういう日本を維持していくためには、あるいはその他の大国でない国々がそれぞれ大国に蹂躙されることなく生きていくためには、なんとか秩序を維持していかねばならないというのが私の根底にある考えです。

では具体的にどうするか。「まだマシな方の大国と組むことで、よりロクでもないことをしている大国の横暴を抑え込む」ということです。今回の戦争について言えばロクでもない方はロシアであり、まだマシな方が西側に当たります。だから西側の一員としてロシアに対する制裁やウクライナに対する支援を行う日本政府を私は支持します。

問題は、アメリカがロクでもない時です。アメリカが二〇〇三年にイラク戦争を始めた時、われわれはきちんと批判し切れたのか。アメリカは――アメリカ的な考え方でいうと、あれは侵略戦争というより予防戦争なのでしょうが――、二一世紀に入ってからも、あんなあからさまな侵略戦争をやったわけです。あの時にわれわれはどう向き合ったかを総括できているだろうか。やはりできていないのです。そこにアメリカ陣営や、アメリカの安全保障政策に同調する人々の欺瞞があると言われてしまって、いまいち説得力を持ち得ていないのは、安全保障積極派の積み残された宿題だろうと思います。

3、世論と運動で戦争を止める可能性はあるか

Q　戦争を止めさせようとするロシア国内の反プーチンの勢力がいるにはいるでしょうが、果たしてどれくらい期待できるのでしょうか。状況はつかみにくいかと思いますが、例えばベトナム戦争は世界的な世論と米国内の反ベトナム戦争のたたかいによって止められたし、ガザのイスラエルの攻撃も、イスラエル国内でも反ネタニヤフの反政府運動がかなり盛り上がってきています。ロシアにもそういう戦争反対の勢力がいて、戦争を止めさせていけると期待しているのです。ロシアの場合は北朝鮮や中国よりはまだましかなと思うのですけれども、戦争反対勢力や反プーチン勢力は次々と暗殺されたり、国外に逃亡したりと大変な状況だとは思います。国際世論でプーチンを追い込むことはできるでしょうか。ロシアの横暴に対して、グローバルサウスのような国々でもロシアに影響を受けていて、西側諸国だけが反対をしているだけという形で抜け道がある。そういう状況の中では難しいかなと思うのですがいかがでしょうか。

▽事情が分かった上で戦争を支持するロシアの世論

当面この戦争を止める力がロシア国内から出てくる見込みは薄いと考えています。

一つは、ご指摘のとおりで、戦争を止めようとあからさまに言う人たちが抹殺されてしまっているからです。そういう人たちは今ごろ刑務所にいるか、外国に逃げているか、死んでしまっているかです。

この前エストニアに行ったのですが、飛行機を待っている時に、ナワリヌイが死んだというニュースが流れてきました。その後エストニアに入国してみると、ソ連時代のＫＧＢエストニア支部の建物がそのまま博物館として残っていました。そこにロシアでこれだけの数の良心の囚人が捕まっていますとか、政権を批判するジャーナリストの活動家が捕まっているという展示がされています。たんに戦争反対と言っただけの理由で、まだまだたくさんの人たちが捕まえられてしまっている。

僕の知っているロシアの学者たちも非常に苦しい立場にあります。あの国はソ連時代の労働法の影響があって、人をクビにするのが非常に難しいのですが、政権に批判的な先生は大学の授業から一切干されてしまうとか、そういう状態に追いやられている。

だから、黙っているしかない。それがいやなら国外に逃げてしまいます。しかも、国外に逃げる時には「こんな政権につき合っていられるか。亡命する」と言うと、残してきた家族に累が及ぶから、あくまでもサバティカルとして外国の大学で研究してきますという体でいなくなるのです。インテリが押さえつけられてしまっているわけです。

ただ、それだけでこの戦争を止める難しさは説明はできないと思っています。というのは、私の憶測ですけれども、結構な数の割合のロシア国民は、事情が分かった上でプーチンの戦争を支持しているのではないかと思うのです。なぜかというと、「われわれは冷戦後の世界を牛耳ってきたアメリカの秩序に挑戦しているのである」とか、あるいは「ウクライナを取り戻すのだ」という民族主義的なメッセージなど、みんなが聞いていて気持ちよくなるようなことをプーチンは言うからです。

そういう話を聞いても、われわれからすると、プーチンは突拍子もないことを言っているとしか思えない。けれどもこれは、じつはそれなりに国内で効くように計算された言説なのです。それができるから、何だかんだ言って二四年もの間、プーチンはロシアの権力者をやっていられるのです。

二四年というのは長いです。二〇世紀以降のロシアの権力者の中で一番長くやっていたのはスターリンで、計算の仕方にもよりますが二九年やっています。ということは、この六年の任期中にプーチンはとうとうスターリンを超えるわけですが、逆に言えば彼はそれだけの超長期政権を維持できるだけの支持を集める方法を知っているのです。

▽当事者の反発を招かない巧妙なやり方をしている

プーチンの支持率は、この戦争が始まってから高い水準で推移しています。政府系の世論調査で見ても、インディペンデント系の世論調査で見てもそうなのですが、唯一それがガクッと落ちたのは、二〇二二年九月にプーチンが動員を発令した時です。自分や自分の家族が戦争に行かなければいけないとなった時に国民は反発しました。

しかし、それが終わって一〇月にプーチンが動員終了と言ったら、すぐに戻った。それ以降、プーチンは公式の動員は行っていません。徴兵委員会が家にやってきて、「戦争に行け」と赤紙を渡すようなやり方は、二二年の九月だけのことで、それ以降は経済徴兵に変わりました。軍隊に来るとものすごく給料がいいと言って、地方の仕事がない若者や、貧しい人たちをどんどん釣っているのです。

二月にショイグ国防大臣がタス通信のロングインタビューに答えていますが、この時の発言を見ると、二〇二三年だけで五四万人の志願兵を集めたと言っています。平時のロシア陸軍がだいたい二八万人ですから、金の力でその二倍の兵士を集めたわけです。だから一日に五〇〇人とか一〇〇〇人の兵士を死なせて、代わりに一〇〇メートル前進する、という非人道的な作戦ができてしまう。

あるいは刑務所から囚人を連れて来る。二三年のバフムトの戦いの時に五万人の囚人を投入したと言われています。その時に私は五万人はどれくらいなのかと思って、ロシア中の刑務所にどのくらい人間が収監されているかを調べようと思ったら、数字が見つかりませんでした。そこで日本ではどうかと考えて法務省のＨＰを見てみたら、令和元年自体で日本の受刑者は女性も含めて四万八〇〇〇人くらいでした。日本の刑務所が空っぽになるくらいの勢いで囚人を動員し、代わりに街を一つ取っているのです。でも、国民からそれは見えない。ワグネルはあくまで民間軍事会社だから戦死公報にも載らないし、軍人恩給が出るわけでもない。そうやって戦争を不可視化することで、戦争を継続できているのです。非人道的ではあるけれども、大変巧妙であると言わざるを得ません。

▽戦争の現場ではロシア側も悲惨である

　今回、プーチンが五期目の当選を決めて五月七日に就任しましたので、しばらくは国民からの評判を気にしなくてよくなりました。だから、どこかのタイミングで動員をやるのではないかという噂がずっと流れていますが、私は六対四くらいの確率でやらないのではないかと思っています。そんなことをやって国民からの支持を落とすよりも、お金をジャブジャブ印刷して、見えない経済徴用をやった方が政権としてはずっと安心でしょう。

　ただ、現場は悲惨です。例えば現場指揮官がいない。本来のロシアの軍事制度においては、これだけの大戦争になったら大統領が公式に総動員を発令することになっています。兵士だけでなく、現場で指揮を取らせるために予備役の将校や下士官も必要なだけ民間から集めてくるという想定なわけですが、今回は公式の動員も一回しかやっていないし、「戦争ではなく特別軍事作戦なんだ」とよく分からないことを言うから、現場指揮官を集めていません。予備役将校になるのはモスクワ大学などの名門大学の出身者なので、こういう社会的に発言力のある層に赤紙を出して国民の反発が強まることを恐れているのでしょう。

　すると、小隊長や中隊長が圧倒的に足りなくなります。兵士ばかりで、しかも彼ら自身も十分に訓練を受けられていない。ロシア軍の新兵訓練能力は平時において年間二五万人前後と見られており、現在は訓練教官も前線に出されていますから、もっと少ない可能性が高い。それなのに五〇万人以上もの志願兵を集めているということは、かなりの数の人たちがロクな訓練を受けられずに前線に放り込まれているということになります。前述した非人道的な作戦は、こういう政権の欺瞞を現場に押し付けた結果でもあるのではないでしょうか。

▽ベトナム戦争と比べ世界の反戦運動が広がらない理由

ご質問の最後の点です。各国の国民が声を挙げて世界で連帯はできないのかということについて、私は現状を残念に思っているところです。

ベトナム戦争の時には、アメリカの六八年の学生反乱などに同調して、日本でも大学生の運動が起こりました。世界中で起こったわけです。ところが今回はそうならない。なぜでしょうか。

ベトナムの時の大反戦運動は、アメリカがやっている戦争に対する反対という要素と、アメリカの覇権に対する異議申し立ての要素と、その両方があったと思います。ところが今回の場合、ロシアがまさにアメリカへの異議申し立てだと主張して戦争をやっているので、なかなか世界に広がっていってくれないのだと思います。

日本でも、あのベトナム戦争の時に大学生で反戦を叫んでいた人が、今回のロシアの侵略戦争に対しては妙に物わかりがいい。ロシアを追い詰めた西側の方が悪い、とまで言う人がいますが、「反米」という意識がどこかでロシアの行為を免罪しているように思われてなりません。

しかし、すでに述べたように日本は軍事的大国ではないわけですから、あらゆる大国の暴力性に対して、一律に批判的でなければいけません。この原則を貫かないと、最終的に日本が自国の安全のためにめざすべき世界からかけ離れた世界になってしまうだろうと思います。

4、侵略を阻止するための日本の貢献はどうあるべきか

Q　日本は現状では、防弾チョッキや小型トラックなど非殺傷の防衛装備品と財政援助を軸にウクライナ支援をしていると認識しているのですが、現在のところ、ウクライナは苦戦を強いられていると僕は思っています。ここでロシアを止めないと、台湾有事の際、武力による一方的な現状変更を許してしまう先例をつくってしまうのではないかと考えています。そうした時に、日本は少し前、PAC3をアメリカに輸出して、いわゆる玉突き方式でウクライナを支援することをしてきたと思うのですが、そこを超えて、日本が殺傷兵器をウクライナに直接供与する、そういった議論が出てきてしかるべきかと思うのです。けれども、そうなっていないというのでは、真に平和国家としての責任を果たせているのでしょうか。私はそれはちょっと怪しいと思っているのですけれども、小泉先生はどう考えられていますか。

▽国防政策によって守るべきは日本国憲法体制だが

ご質問の点はすごく難しいです。憲法第九条第一項、第二項を素直に読むと、非軍事主義とし

か言いようがありません。憲法にもとづく日本の平和主義は、かなりの点で、日本は軍事に関わることから一切手を引きますという宣言です。その宣言をもって、日本はアジアにとって危険な国にはもうなりませんというのが、日本の当初の安全保障政策であったし、そのことは当初は有効性を持っていたのだと私は思います。

もう一つ言うと、憲法の中に盛り込まれた基本的人権を重視するであるとか、国際協調主義であるとかの理念に、私は基本的に賛同しています。私は軍事屋なのですが、日本国憲法を何とか守っていきたいという気持ちがあるのです。これを言うと「左翼」と言われるのですけれど、でも私は日本が国防政策によって守るべきは日本国憲法体制であると強く信じています。

ところが、これは大変に難しい。繰り返しになりますが、日本の憲法は非軍事主義であるからです。日本国憲法の理念を軍事力で守るということはしないと、そう言っている。でもそれではいくらなんでも非現実的であるということで、最低限の「防衛力」ならいいだろうということで戦後ずっとやってきました。冷戦の最も厳しい時期においてさえそうです。

しかし、それは憲法の非軍事主義がうまく機能してきたというよりは、「防衛力」プラス日米安保という憲法の想定外の仕組みでかろうじて抑止力を働かせてきたというのが実情でしょう。仮に日本が憲法第九条第二項の規定を文字通りに履行して一切の軍事力を持たなかったら平和でいられたかどうかは極めて疑わしい。

▽自衛隊を日本国憲法のなかでどう位置づけるか

ですので憲法に関する私の立場は、「日本国憲法の理念を守るために非軍事主義の部分だけを変える」というものです。日本国憲法は実に立派なものである。しかし、非軍事主義でそれを守ることは困難であるので、日本国憲法体制を守るための軍事力として自衛隊を位置付ける。日本国憲法を守る自衛隊は、日本を外国の侵略から守るとともに日本が再びアジアの脅威と受け取られるような規模・態勢とはならず、その組織文化は民主主義を重んじるものでなければならないということです。それ以外の部分は一切いじらず、ナショナリズム色の強い改憲には断固反対する。

これはかなりラディカルな立場でしょうね。右からも左からもあんまりウケがよくないことは承知しています。しかも、冷戦後の日本はしばらくの間、こういうことをあまり真面目に考えなくていい時期を過ごしました。もうソ連の脅威はないのだし、中国が台湾や沖縄を脅かす能力も非常に低かった。北朝鮮もそうです。「問題提起」で述べたとおりですね。

ところが二〇〇〇年代も終わりになると中国の軍事的能力は明らかに拡大し、北朝鮮も核武装国家になってしまいました。そうこうするうちに隣国のロシアがウクライナに攻め込んで、日本が軍事力とどう付き合うのかが改めて問題になってきました。

▽日本の仲介で停戦を実現するのは無理だろう

ご質問に戻りましょう。日本は今回、ウクライナに防弾チョッキやヘルメットを送りました。それから運搬車です。これは前から見ると操縦席がにゅっと二個出ていて、ウサギの耳みたいに見えるので「運搬ぴょん」というあだ名なのですけれども、それも送った。軽装甲機動車も送った。それからウクライナの負傷兵を少数だけれど自衛隊病院に収容した。非殺傷装備だとしても、交戦当事国に自衛隊の装備品を送るというのは、日本の従来の政策からは大きく踏み出しています。

もっと大事なことは、これらの装備品の一部は航空自衛隊がC−2輸送機でウクライナの隣国、ポーランドまで空輸しました。交戦国のすぐ目の前まで自衛隊機で軍事援助物資を運び込むのは、やはりこれまでの日本では考えられなかったことです。

これら一つひとつに意味があるわけです。われわれの税金で買ったヘルメットをウクライナ兵に送ってあげたら、そのヘルメットが今、ウクライナの兵隊の頭を守ってあげているわけです。彼が家に生きて帰れる率を高めているのです。賛否両論あるとは思いますが、一納税者としての私は誇らしい税金の使い道だったと思っています

けれども、現実に今、前線が崩壊しそうになっている。二〇二四年の頭くらいまでは、もうちょっとウクライナ軍がうまく持ちこたえるのではないかという見方がありました。私の同僚でもあるアメリカ人の軍事専門家は、実際にバフムトやアウディーイウカの前線まで何回も見に行って、ウクライナ軍はあと一年くらいは何とかロシア軍の攻勢に耐えるのではないかと言っていたのです。それが二四年の春になると、「いや、もしかしてダメっぽいかも」という議論がだいぶ増えてきました。

ここにおいて、よく出てくる話は、「だから日本は仲介に入っていって停戦させてやるのだ」という議論です。けれど、それはどこまで真剣に考えられた話なのでしょうか。日本がいきなり割って入って、「まあまあ、もうやめなさい」と言ったら戦争が停まると果たして現実的に想定できるでしょうか。無理だろう、というのが私の判断です。

ウクライナ情勢をめぐる戦況

出典：防衛省ＨＰを参考にして作成（24年12月2日時点）

▽侵略を阻止するための武器輸出は憲法の理念に反しないと思うけれども

だとしたら、われわれは何をするのか。それは本当に究極の選択です。私は軍事屋なので、前線を支えるために弾《たま》を送ってあげればいいと考えます。あるいは、二三年にウクライナ軍の反転攻勢が失敗したのですけれども、その一つの理由は、ロシア軍の工兵能力が大変に高いからなのです。戦場で土木工事をする能力がものすごく高いということです。だから、日本から何らかの建機を送ってあげることを含め、軍事的に今、ウクライナが持ちこたえることをやらなければと考えるわけです。

これは私のような人間からすると、憲法の理念には反しない。なぜかというと、憲法の前文には、武力行使によって強い者が弱い者を圧倒するような世界からは逃れたいと、そういう理念が書いてあるからです。そのための手段として、日本としては武力を放棄することは書いています。けれども、目の前に軍事的に滅ぼされかかっている国がある時に、何もしないとか、仲介だけはしてあげるというのが、本当にわれわれが持っている憲法の理念に沿っているのか。私はそうではないと思うのです。

私が常々思っているのは、戦場で使用する兵器は別として、せめて防空システムをウクライナに送ってやれないかということです。今、ウクライナの都市は連日のように空襲を受けて、無辜《むこ》の市民が殺され続けています。突然巡航ミサイルや自爆ドローンが降ってきて一家が全滅するような事態を防ぐために古くなった自衛隊の対空ミサイルだけでも供与してやれないでしょうか。

しかし、だからと言って、今すぐウクライナにミサイルを送ってやれとは主張できません。軍事的な合理性から考えるとそうなのだけれども、だからと言って防衛省と外務省が決めて勝手に武器を送ってしまう国でいいのかという問題があるからです。

これは明らかに、日本民主主義にとっての重大問題です。これをやろうとすれば時間がかかるし、その間に多くのウクライナ人を死なせることになるのだけれども、それはあくまでも日本国民の間で議論をした上のことでなければならない。賛成も反対もあるでしょうし、最後まで議論の溝が埋まらない部分も多いでしょうが、一応は日本国内で侃侃諤諤《かんかんがくがく》議論をしてみた末に弾を送るというのでなければ、日本が究極的に守ろうとしている価値を大切にしたことにはならないと思うのです。

∇国防上の合理性と何を守るかの哲学の結節点にある武器輸出問題

その価値とは何かというと、民主主義的な日本で生きていきたいということです。そんな国で生きたいのでなければ、そもそも安全保障は考えなくてもいい。中国の支配下でも生きていければいいというのなら、自衛隊にあんなに頑張ってもらわなくてもいいわけです。日本も中国の影響下に入り、権威主義的な体制の下で金儲けだけできればいいんだというのだったら、国防なんかしなくていいじゃないですか。台湾が中国に併呑されそうになったら黙って見過ごして、一緒に中国の覇権の中で生きていけばいい。よほどリベラルな人以外は概ね快適に暮らせると思いますよ。実際、中国人もロシア人もそうやって割と普通に暮らしています。起きてから寝るまで、どこで何をして誰と何を話したか常に権力に監視されますけど。

でも、やっぱりそういう体制の下では生きていきたくないと思うから、安全保障が問題になるのではないでしょうか。

それから、単純に軍事政策の自由度でいったら、北朝鮮はなかなかのものです。北朝鮮は相当しっかりと核戦略理論を勉強していると思います。限られた国防資源の中で、教科書のような見事な核抑止力構築をやっている。軍事的な合理性を追求しているという点で、あっぱれとさえ思います。思うのだけれど、ではあれがいい国なのかというと、私にはそうは思えない。人民が飢える一方で指導者は極度に肥満していて、その体制を守るために核開発に邁進するような国であってはいけないと思います。

国防上の合理性と、それを使って何を守るのかという哲学の問題と、その両方を考えなければならない。ここのところの結節点に、ちょうどご質問の武器輸出の問題があるのです。私も、おそらく質問者の方も、やるべきだと思っていることの答えは似ているでしょう。でも、それを誰かが一方的に決めてはいけない。面倒くさくてまだるっこしい議論の末に決めるのでなければならない。それができる国を守るというのが日本の安全保障政策が目指す究極的な目的であるはずだからです。

5、核抑止は未来永劫必要なものなのか

Q　今日の話の中でも触れられた「安定・不安定のパラドックス」の問題にも関わってくると思うのですけれども、これからの核抑止の問題です。今までのところ効いている部分もあれば、効いていないような部分もあると思うのですが、未来永劫《えいごう》核抑止が世界のために必要なのか。そこから人類は卒業していかなければいけないのか。そのへんはみなさんいろいろなお考えがあると思うし、日本も核武装すればどうか、しなければいけないのだという議論まで今もあるわけで、その辺りを小泉先生はどのようにお考えなのでしょうか。

▽オバマの挑戦もうまくいかなかった

核抑止は、なくなった方がいいに決まっています。そうなのだけれど、問題は簡単になくなってはくれないというところです。というのは、みんなで「せーの」でなくさないといけないのだけれど、それが容易ではないからです。

オバマ政権の時に「核兵器のない世界」が打ち出されましたが、オバマ政権のブレーンたちが

めざしたのは、それをとりあえずアメリカとロシアでやってみようという話でした。二〇〇九年のロシアに対するリセット政策と呼ばれるもので、その前年にロシアはジョージアと戦争をやらかしたのだけれど、それを不問にした。その上で関係を一気に改善して、ロシアのWTO（世界貿易機関 World Trade Organization）加盟を後押ししてあげるから、核軍縮をやろうと呼びかけました。そしてとりあえず、当時の核軍縮条約では二六〇〇発だった核弾頭配備数を、一五五〇発まで下げるという新しい条約を作りました。これが二〇一〇年の新START条約です。

オバマの思惑は、これをグローバルな核軍縮をアメリカが進めていく上での正統性の根拠にしようというものだったと思われます。その上で、核兵器の材料になる核分裂物質の生産そのものを一律に禁ずるFMCT（兵器用核分裂性物質生産禁止条約 Fissile Material Cut-off Treaty）をつくる。米露以外の国々についても核軍縮ないし核放棄を迫っていく。そういう戦略でした。

今にして思うと、まだ平和な時代だったという感じもするし、アメリカ人もやる時はこれだけやるのだという、一種の希望が持てる話でもあると思うのです。だだ、やはりそれはうまくいかなかった。

オバマ政権は次の段階として、米露の核弾頭を一〇〇〇発まで減らそうとしましたが、ロシアは応じませんでした。アメリカには核兵器を持った同盟国だっているし、中国も核軍縮には応じようとしなかったからです。北朝鮮もむしろ核武装に突き進んでいました。核兵器は邪悪なものなのだけれど、そうであるが故に抑止力としての力を持っていて、多少世の中から非難されても手放せない、あるいは自国も持ちたいと考える国が、残念ながら出てくるのです。

▽当面は核抑止をとるが長いスパンでは廃絶をめざす

だからこれはもう両輪でやるしかないと思うのです。片方においてはオバマがやったように、超大国がイニシアチブを発揮して、核は最終的にはなくしていくのだという道筋自体は常に見せ続ける。もちろん、そのために超大国自身も行動しなければいけない。一方で、当面はなくならない現実がある。オバマ自身も、自分が生きている間に核兵器がなくなるとは思わないと言いながらやっていた。だから核兵器が存在する期間に関しては、使わせないという抑止の論理はどうしても必要になると思うのです。

欺瞞だと言われるかもしれませんが、一足飛びに核兵器がなくならない以上は、やはり抑止については真剣に考えねばなりません。他方、これからも未来永劫、核兵器による人類破滅の可能性に怯えて生きていくべきだとも思わない。私の娘は二〇一〇年生まれですから、標準的な長生きをすれば二二世紀をその目で見られるでしょう。今すぐどうなんだ、というと私は抑止を取りますが、こういう長いスパンで見た場合にはやはり廃絶をめざしたいと願っています。

対話を終わって

　正直言って、今日は大非難を浴びるのではないかと思ってやって来ました。でも、話の方向性としては意外に収斂《しゅうれん》していたような気がします。本来まったく同意できないという人はそもそも質問をしなかったのかもしれません。そういう方がおられるにしても、全然意見の違う小泉という人間が、どういう理由でこういう結論に達しているのかを知ってほしいのです。

　逆に僕の属する業界の人たちにも、なぜ憲法九条護持という人々がいるのか、彼らはどういう思考の過程でそういう結論に至っているのかを、ぜひ知ってほしいと思っているのです。それがないと、最初の方の質問者の方にもありますように、「お花畑だ」とか「戦争好きだ」とか「悪いやつだ」という決めつけだけで終わってしまうからです。

　今、アメリカがものすごく混乱して、衰えていっているだけでなく、分断がすさまじくなってしまっています。移民に賛成の人、反対の人、ＬＧＢＴＱに寛容な人、大反対の人がいる。あるいは妊娠中絶がものすごく大きな溝になってしまっていて、お互いが相手のことを、あいつらバカだ、不道徳だと言い合っているわけです。日本でもそういう現象が無視できない規模に膨れ上がりつつあることを強く憂慮しています。ワクチンをめぐる問題とかそうですね。ウクライナ戦争もまた、分断を大きく広げました。

しかし、意見が違うということと相手を憎むことは、明確に切り分けなければいけない。僕が大学院生の時に、指導教授から言われたことがあります。アメリカの国際政治学の中にはいくつか大きな流派があってずっと論争を続けてきたわけですが、僕の先生がアメリカに行ったら、二つの有力な流派を代表する先生同士がバーで一緒にワインを飲んでたっていうんですね。「小泉くん、あれがなかなか日本人にはできないんだよ。意見は違っても、憎み合わないでいられるんだよ」と言われて、なるほどそれは立派なことだなと思いました。

アメリカでも今はなかなかそれができなくなっているようですし、現実に私もそこまで人間ができているわけではないのですけど、理想としてはそうありたいと常に思ってきました。ワインはないのですけれども、今日のこの場がそれに近いものになっていればいいと願っています。どうもありがとうございました。

主催者の閉会あいさつ

羽柴修（兵庫県九条の心ネットワーク・兵庫県弁護士九条の会事務局長）

今日は最後までありがとうございました。正直、小泉さんがこれだけフランクにいろいろな話をしてくれるとは思っていなかったので、感激しております。

この間一月から小泉さんのこのシンポジウムの準備をしてまいりました。今まで私たちがしてきたシンポジウム、講演会でも、少しずつ意見が違っても他人の意見を尊重しながら、何とか戦争をしない日本であり続けたいと思うのであればとして、このように議論をやってきました。本日、そういうところをもう少し深めてみたいと思っておりました。

そこで小泉さんに初めて手紙を書いたのです。ウクライナ戦争でお忙しい最中ではあるし、おそらく神戸までは来てくれないと思っておりましたが、小泉さんの方から、意見の違いは当然あるので、ぜひ意見交換をしたいというお返事がありまして、感激をしました。

今日は知的に刺激を受けたところがずいぶんございまして、このままではちょっともったいないと思っております。もう少し時間があれば、小泉さんさえ本当によろしければ、今日のお話をさらに深めるために、本当はワインでも飲みながら、お互い腹を据えて、腰も据えて議論ができていけばいいと思っております。

一方で、岸田首相が今やっているのは、そういうロジック、理屈があってあんなことを勝手に約束してきているのだろうかと、大きな疑問を抱かざるを得ないのです。

本当に今日はお忙しいところ、わざわざ神戸まで来ていただきまして本当にありがとうございました。これからもまた声をおかけするかもしれませんのでよろしくお願いいたします。ありがとうございました。

補章

インタビュー

憲法大好き軍事研究者の葛藤と模索

補章に掲載したインタビューは「毎日新聞」電子版（二〇二四年九月一五日）の配信に一部加筆したものです。

1、左翼の両親と、右寄り読者の間で――「小泉悠」をつくり上げたもの

ウクライナへのロシア軍の侵攻が始まって以来、約二年半にわたってメディアに出ずっぱりなのが、小泉悠・東京大准教授です。小泉さんは、普段、どんな気持ちで軍事分析をしているのか？ 反戦的な両親の下で軍事マニア少年だった過去なども振り返りつつ、上下二回で語りおろしてもらいました。【聞き手・鈴木英生】

∇両親は学生運動世代

両親は団塊の世代。とにかく軍隊が嫌いでした。両親の頭にある戦争像は、自分たちの親が戦った第二次大戦であり、学生時代に反対したベトナム戦争でしょう。自国側は明確に侵略者で、民衆が一方的に空爆されたり虐殺されたりする。

母方の祖父は、中国戦線に二回出征して輸送部隊にいましたが、孫の私には悲惨な話をしませんでした。でも、確実につらい目に遭ったはずだし、中国の民間人をあやめていた可能性もあり

ます。

∇戦艦大和はカッコいいけど、後ろめたい

私も子どもの頃は、学校の図書室にある反戦や反核などの児童書を読み、強いショックを受けて育ちました。他方、私は当時から軍事が好きだったので、戦艦大和などのプラモデルを心底、「カッコいい！」と作ってもいたわけです。が、同時に、そんな自分に後ろめたさを感じていた。

日本の軍事マニア少年ならば、誰もが味わった感覚でしょう。

ところが、日露戦争の戦艦三笠のプラモデルならば、不思議と後ろめたくなかった。日露戦争だって中国大陸で現地の人に散々迷惑をかけ、日本の若者も大量に死んでいます。でも、私に限らず、日露戦争の加害や被害の記憶を受け継いでいる人は、なかなかいないわけです。

結局、国内が戦場にならず勝った戦争で、体験者がほぼ残っていないから、「カッコいい」だけを消費できてしまう。言いかえると、戦争の社会的な記憶は可変的で、その戦争の性格や時代状況、時間的な距離などに強く影響を受けている面があるのです。

▽ひどい戦争の記憶と冷徹な核戦略の間で

無論、だからといって、本当にひどい、つらい目にあった人々の記憶を無視したり、否定したりしてよいわけがありません。家族を殺されたり、レイプされたり。沖縄戦などでは自らで家族をあやめさせられたりした人までもいる。忘れてならないのは、大前提です。

こうした悲劇を繰り返さないために、軍事的安全保障、つまり国防に非常に懐疑的な主張が、戦後日本ではずっと強かったように思います。この主張、倫理的に否定はしにくい。

確かに、被爆者のお年寄りの前で核戦争における損害受忍度、つまり「何万人までなら死んでも国家が存続できる」なんてしゃあしゃあと語れる人がいたら、人間として完全に間違っています。少なくとも、私は絶対に言えません。

ただ、米中露や北朝鮮など核保有国の専門家はこんな議論をして、核戦略を立てています。この二つの現実の間で、何をどうすべきか。

∇私は「ネトウヨ」だったが……

私の少し上の年齢層までは、さらに上の世代が持つ軍事への忌避感を内面化してきた人が多かったと思います。

私の世代はその逆張りで、インターネット掲示板などでいわゆる「ネトウヨ」的な議論にはまった。「ネトウヨ」と呼ばれると怒る人は多いのですが、私自身が一九九〇年代半ばから二〇〇〇年代前半、どっぷりとこの世界につかっていました。

当時の「ネトウヨ」には、いくつかの面がありました。確かに冷笑的に左翼を見下したり、古くさい差別語を使ったりもしています。特に、マイノリティーに対する差別的なニュアンスの言動には共感できませんでした。ただし同時に、どこか浪花節な、昭和の右翼的メンタリティーもありました。「国の求めに応じて懸命に戦った俺のじいちゃんが、侵略者だったはずがない」と。

戦後日本にはずっと、戦争の悲惨さを強調する「表モード」と共に、「『あの戦争』を戦った人たちをリスペクト（尊敬）したい」という「裏モード」があったのだと思います。個人が内面に両方を抱えていた場合も珍しくないはずです。少なくとも、私はそうです。ですが、右派対左派の政治構図のなかでは、それらが表面上別々に語られて、対立してきました。

∇「過ちを繰り返さない」も安全保障

戦争体験者がいなくなる今後、表モードと裏モードのバランスが取れた議論を作れないかと思います。私は、安全保障について文章を書くとき、左翼である両親とパソコンの向こう側にいる右派的な人たちが脳裏に浮かびます。両方にどう語りかければ、不毛ではない議論になるか。まず、「あの戦争」は明確な侵略戦争であり、自国民も他国の人々も本当に悲惨な目に遭わせた。あれだけのことをしたのだから簡単に許してはもらえない。周辺諸国に信頼される国でなければならない。これが、話の本丸です。

私の軍事分析などの読者層は、当然、国防について積極的な人が多い。彼らは私の分析を「なるほど」と読みますが、私が「かつての日本の侵略が……」と言い出した途端に「なんだこいつは！」となることもあります。でも、言わなければならない。私が安全保障を研究する理由が失われるからです。

私にとって、日本が再び侵略をしないことは、侵略されないことと同様に大切です。もっと言えば、「あの戦争」を肯定するとは大日本帝国という国家を肯定することです。あの国が住みよい国だったとは、どうしても考えにくい。一時期のわずかな都市中間層ら以外は圧倒的に貧しく、働き口もなく、兵隊になればいじめられ、殴られて……。そのうえ、文民統制されていない軍隊に引きずられて戦争が泥沼化し、破滅した。この過ちを繰り返さないことも、安全保障の大切な柱です。

▽日本周辺で戦争を起こさせない

ただし、この「過ちを繰り返すな」だけが安全保障でもありません。「あの戦争」の結果生まれた日本国憲法の意義は、私も深く認めます。ただ、だからといって「軍隊は問題を解決するものではなく問題そのもの」とか「安全保障という概念自体が我々を脅かしている」とまで言うつもりはない。確かにその側面はあります。が、それだけのものではありません。

今のところ、日本が再び侵略をする可能性は低いでしょう。ならば、日本が侵略されない、あるいは台湾が侵略されたり、朝鮮戦争が再開したりしないことを私たちの安全保障のもうひとつの柱にすべきでは？

日本周辺で再び戦争が起きない安全保障環境を維持することは、左派的な立場からは、かつて侵略をした側の責任、しょく罪としても重要といえるかもしれません。

「小さな日本が中露に勝てるわけがない。だから軍事力を放棄するのがリアリズムだ」といった主張も見かけます。それだけの話ならば、「ミリタリー・バランス」(世界軍事年鑑)を開くだけで、どの国がどの国に従属させられるか決まってしまいかねません。小国だからこそ、どうやってどの程度、軍事的に日本を守れるかを真剣に考えるべきだというのが私の考えです。

2、国防のために、民主的価値守る軍隊を――「憲法大好き」小泉悠さん

軍事専門家で改憲派の小泉悠・東京大准教授は「憲法が大好き」と語ります。矛盾するような胸の内は？　日本の左右がどう対立を超えて議論できるか、ウクライナの最新情勢から学ぶべき教訓なども聞きました。【聞き手・鈴木英生】

▽「日本国憲法体制」を守るための軍事力

先日、神戸市の「九条の会」で講演しました。彼らと私の考えは、遠くないと思います。私は、日本国憲法が大好きです。特に一三条の幸福追求権。私のように、誰にも干渉されず好きに生きたい人間にとって、本当に大切な条文です。

ただ、主権国家である以上は、自国を守るための軍事力を憲法で位置付けた方がいい。私にとって必要な安全保障とは、自由と民主主義という近代的価値の集大成である「日本国憲法体制」を守ることです。守るためには、憲法自体にアレンジが必要だと思います。

九条二項の「戦力の不保持」は、現状に照らして明らかに矛盾している。戦力は持たないとはっきり書いてあるのだから、①自衛隊を解散する②九条二項を変える——のどちらかです。私の考えは②です。

それに対して、③九条を丸ごと残して、自衛隊が本格的な軍事力にならないよう歯止めになればいい、という考えもあります。①には同意しませんが、③の立場とは対話の余地がある。ならば、「では、どの程度の軍事力で具体的に何を守れたらよいのか」と政策論に落とし込めば、腹を割った議論ができるはずです。

∇非暴力抵抗はどんなときに有効か？

私は、平和主義者の議論が絶対ダメと言いたいわけではありません。たとえば最近、「非暴力抵抗戦略」に関する本が増えています。つまり、軍事力を使わず、侵略や独裁体制に抵抗する戦略です。私たち軍事や安全保障の専門家は「そんなの絶対に無理」と言下に否定しがちです。が、本当に無理か。確かに、外国軍の直接的な侵略に正面から対抗はできません。でも、条件次第では独裁体制への抵抗戦略にはなるかもしれない。その中間、外国に占領されている後方地域ではどうか。非暴力の民衆に悩まされる占領軍もあれば、住民を殺しまくって済ませる占領軍もあるでしょう。どんなケースならば非暴力抵抗は有効か、詳細なシミュレーションをできないかと考えています。

▽右も左も相手側の言葉が遠すぎるが

でも、今の日本の言論空間では、右派も左派も、どうしてもつい、相手側の人を「愚かか邪悪か、そうでなければ外国の手先か」などと位置付けてしまいがちですよね。相手側の言葉があまりにも遠く、自分側の論理では好意的に解釈しようがないので。

私も「ＣＩＡ（米中央情報局）の手先」と言われたことがあります。でも、米国に買収されているならば、住宅ローンでこうも苦労していないはずです……。

逆に、沖縄の反基地世論をすぐ、「中国に操られている」と決めつける人もいます。そんな単純な話なわけがありません。

沖縄本島を車で北上すれば、沿道に延々と米軍基地が続きます。途切れたかと思えば、米海兵隊のヘリコプターがごう音を立てる。あの情景を異常と感じない方が異常でしょう。

日本の国土にこれだけ外国の軍隊がいて、事件や事故も頻発している。地政学的な米軍基地の重要度など以前の話として、「あれに本気で怒らないで大丈夫か?」とつい思ってしまいます。

ちなみに私が研究対象としているロシアも外国に軍事基地を置いていて、駐留ロシア兵の犯罪や駐留費用負担が度々問題になってきました。もちろん、それを問題にしている旧ソ連の人たちはどこかの外国に操られているわけではありません。外国の軍隊が駐留していれば必然的に起る問題なのです。

いずれにせよ、右の人にも左の人にも相手側がそう主張するに至った思考の筋道を理解してほしいと願っています。互いに、相手側へ今よりももっと丁寧に語ってほしいのです。

右の感情も左の論理も、根っこを探っていけば、案外近いところにある気がします。「上」で話したとおり、元々は「あの戦争」の記憶を巡り両立していた思いが枝分かれしたような面もあるのですから。

ならば、ゴールは合意できるかもしれない。自衛隊は是か非かとか、「あの戦争」をなんと呼ぶかとかみたいな話は、左右が分かれていることで派生したシンボルのようなものではないのでしょうか。

シンボルから先に議論してしまうと、対立から抜け出せなくなる。むしろ、互いがなぜそう考えるのかを根源から話し合えれば、距離を縮められる部分もあるかもしれない。そう、私は信じたいのです。

∇平均的な人のバランス感覚が大事

私がこう考えるようになったのは、過去に右翼と左翼を行き来したからです。大学に入った頃は親への反発もあってぐっと右傾化し、その後大学院生の頃にかけて左に流れました。当時出ていた日本の右傾化を憂えるような本をいくつか読み、「どうも自分のいた言論空間は偏っているな」と。あと、「軍事をわかっているのに左な俺ってかっこいい！」と思った（笑い）。

でも、左になればなったで心の中の「右の自分」がむくむく起き上がり、「かっこ悪っ」と言い出す。ややこしい性格ですよね。その末で、政治的な右左の立場ではなく、「これはこんなもの」「これはさすがにまずい」と問題を個別に判断するようになりました。

私みたいにヘンな思考をしなくとも、ごく平均的な日本の人は、まっとうなバランス感覚を持っている気がします。天下国家を普段わざわざ語らないだけ。語りたがる人に限ってどうしても極端でかたくなに見られてしまうから、みんなのものであるはずの天下国家が、分裂しているように感じられるのかもしれません。

▽日本は合格点をあげられる国

確かにさまざまな立場の論者が指摘するとおり、日本は問題だらけの国です。でも、だからといって全部を否定してしまうのは建設的ではない。日本は、大学の単位認定のように点数を付けるならば、六〇から七〇点で「合格」だと思います。こう言うと、左右どちらの人にも本当に不思議そうな顔をされますが。

でも、私は生まれてこの方、役人に賄賂をあげたことがありません。政府を言論で批判しても殺されないし、ある程度は豊かな国。十分に合格点はあげられます。一応は合格点の国を守り、もっとまともにしていく。そのために何をすべきかを、みんなで考えていければ。

今の国際秩序にしても同じことです。こっちは合格点もあげられません。「米国が牛耳る不正なもの」と言われれば、確かにある程度はその通りです。それでも、このあばらやだって一応は、屋根や柱や土台くらいはある。たとえば、ロシアがウクライナに圧勝したならば、もっとマシな家が建つでしょうか。今あるものから少しでもよい世界を目指す方がよいのでは。

▽ウクライナ戦争の今後

それにしても、ウクライナの状況は大変厳しくなっています。なにしろ、東部戦線が崩壊しかかっています。

露クルスク州へのウクライナ軍の侵攻は、和平交渉で露から譲歩を引き出す材料にすることが狙いの一つでしょう。しかし、現状ではそうなっていません。この侵攻は、戦略的には成功とは言いがたいように思います。

ウクライナには、まだ動員をかける余力があります。が、ゼレンスキー大統領は決断しません。やりにくい社会的政治的状況なのでしょう。そのうえで、多くの国民は自国の主権を損なうような和平を求めていません。となると結局、戦争をさらに長期化させるほかない。

他方、露の継戦能力も万能ではありません。二〇二五年二月には、開戦から四年目に入ります。さすがの露も、四年目のどこかで停戦を模索し出すのではないかとも思います。

▽「民主的価値を守る軍隊」

もうひとつ、最近、独露間の天然ガスパイプライン「ノルド・ストリーム2」の爆破（二〇二二年九月）をウクライナがやった疑いが強くなると、独のウクライナ支援が鈍り出しました。

爆破は、軍がゼレンスキー氏の中止命令を無視してやったようです。軍隊がその場限りの戦術的な合理性で行動するのは危険だという典型例です。軍隊は戦争の流れ全体を見ているとは限りません。戦争の外に広がる政治や外交が見えなかったり、自分たちの論理でしか見ていなかったりする場合も多い。

逆に言うと、本当に国防を考えるならば、文民統制に加えて「民主的価値を守る軍隊」を育てるといった議論こそ、真剣にしなければなりません。自衛隊は、「自衛隊に反対する人々をも守る」ような、民主主義に尽くす組織だからこそ真の価値があるはずです。所詮はきれい事かもしれません。それでも、きれい事を言い続けるのが大事だし、言えるのが本当の意味での「安全保障を考えている」ということになるのではないでしょうか。

小泉 悠（こいずみ・ゆう）

1982年生まれ。東京大学先端科学技術研究センター准教授。早稲田大学大学院修士課程修了。専門はロシアの安全保障や軍事政策。著書に『「帝国」ロシアの地政学』『ロシア点描』『ウクライナ戦争』『オホーツク要塞』など多数。

小泉悠が護憲派と語り合う安全保障
「日本国憲法体制」を守りたい

2025年2月5日　第1刷

著　者　ⓒ小泉悠
発行者　竹村正治
発行所　株式会社　かもがわ出版
〒602-8119　京都市上京区堀川通出水西入
TEL 075-432-2868 FAX 075-432-2869
振替　01010-5-12436
ホームページ　http://www.kamogawa.co.jp
印刷所　シナノ書籍印刷株式会社

ISBN978-4-7803-1363-5　C0031